Ludwig Kraack

**Ueber die Entstehung und die Dichter**

Der Chanson de la croisade contre les Albigeois

Ludwig Kraack

**Ueber die Entstehung und die Dichter**
*Der Chanson de la croisade contre les Albigeois*

ISBN/EAN: 9783743664043

Hergestellt in Europa, USA, Kanada, Australien, Japan

Cover: Foto ©ninafisch / pixelio.de

Weitere Bücher finden Sie auf **www.hansebooks.com**

# AUSGABEN UND ABHANDLUNGEN

AUS DEM GEBIETE DER

## ROMANISCHEN PHILOLOGIE.

VERÖFFENTLICHT VON E. STENGEL.

**XV.**

---

UEBER DIE

## ENTSTEHUNG UND DIE DICHTER

DER

# CHANSON DE LA CROISADE

CONTRE LES ALBIGEOIS.

VON

LUDWIG KRAACK.

---

MARBURG.
N. G. ELWERT'SCHE VERLAGSBUCHHANDLUNG.
1884.

Herrn

# Professor Dr. Edmund Stengel

in dankbarer Verehrung

gewidmet

Trotz der ziemlich grossen Anzahl von Arbeiten, welche zum Teil von sehr bedeutenden Gelehrten über die Croisade geschrieben sind, dürfte es bisher doch noch nicht gelungen sein, die vielen Schwierigkeiten, welche dieses Gedicht dem Verständnis bietet, vollständig zu beseitigen. Auch macht die vorliegende kleine Schrift durchaus keinen Anspruch darauf, ein alle dunklen Punkte erhellendes Licht über den Gesang zu verbreiten; sie soll vielmehr nur einige neue Ideen über die Entstehung und die Dichter der Croisade geben.

Bevor ich aber zu dieser meiner eigentlichen Aufgabe schreite, möchte ich die Hauptresultate der bisherigen Forschung über diesen Gegenstand kurz zusammenfassen.

Es sind über die Entstehung des Gedichtes zwei wesentlich verschiedene Ansichten vorhanden; die eine, ältere wird von Fauriel, die andere, jüngere von Paul Meyer vertreten.

Fauriel nimmt einen Autor für das ganze Gedicht an, will aber nicht glauben, dass derselbe, wie die Chanson angiebt, ein Guillem aus Tudela in Navarra gewesen sei. Durch folgende Worte sucht er seinen Zweifel zu rechtfertigen: *»j'ignore quelle langue on parlait à Tudèle vers 1210; c'était peut-être encore le basque, mais, à coup sûr, ce n'était point le provençal«.* (Introd. p. XVIII).

Nach Paul Meyer besteht die Chanson aus zwei aneinandergehängten, unvollendeten Gedichten, die von zwei Verfassern herrühren, welche sich wesentlich von einander durch Tendenz, Stil und Sprache unterscheiden. Der Dichter des ersten Teils, der ersten 131 Tiraden, hat sich als Guillem von Tudela in Navarra zu erkennen gegeben; der des zweiten Teils dagegen hat es vorgezogen, seinen Namen zu verschweigen. Was Paul Meyer über die Sprache in den ersten 131 Tiraden sagt, führe ich hier mit seinen eigenen Worten an (Introd. § XI. pag. CI):

»*Guillem de Tudèle a écrit dans une langue, ou plutôt dans un jargon, qui ne doit rien — ou du moins rien de notable — au castillan ni au catalan. Ce jargon est un mélange de provençal et de français. Le français, Guillem en avait sans doute acquis une certaine connaissance par la lecture de nos chansons de geste, dont il paraît avoir été grand amateur, et il avait pu se perfectionner au temps de la croisade, en conversant avec les croisés; le provençal, il ne pouvait manquer de l'avoir appris à Montauban. Il ne savait ces deux langues que très imparfaitement. De prime abord le poème de Guillem semble beaucoup plus provençal que français; mais l'apparence ne répond pas entièrement à la réalité. Il faut considérer que le copiste qui a exécuté notre unique ms. de ce poème était méridional, et qu'entre ce copiste et Guillem il y a eu au moins une ou deux transcriptions faites par des méridionaux. Chacun de ces scribes aura, par instinct plutôt que par esprit de système, fait disparaître quelques formes françaises, de sorte qu'il n'y a guère plus que les rimes qui puissent nous donner une idée de la langue de l'auteur. Cependant, même en dehors des rimes, on peut recueillir un certain nombre de formes françaises qui, n'ayant pu être introduites par les copistes, viennent certainement de Guillem*«. Dann werden Beispiele angeführt.

# I.

# Über die Entstehung des ersten Teils der „Chanson de la croisade contre les Albigeois".

(Tir. 1—131).

Gegenüber vorstehenden Ansichten werde ich im Folgenden darzuthun versuchen, dass der erste Teil der Croisade eine zum Teil recht nachlässig angefertigte Umsetzung eines bis jetzt unbekannten südwestfranzösischen Gedichtes in das Provenzalische mit Interpolation des Umsetzers ist.

Folgende Gründe sprechen für die Richtigkeit dieser Behauptung:

a) Der Umsetzer, welcher sich häufig eng an die französische Vorlage hielt, geriet bei der Uebertragung der Reime nicht selten in Schwierigkeiten; denn nicht alles, was im Französischen reimt, reimt zugleich im Provenzalischen. Er umging diese Schwierigkeiten oft dadurch, dass er französische Wortformen stehen liess.

1) So finden sich in den Tiraden 14, 39, 53, 70, 117, 123 viele frz. Infinitive der a-Conjugation auf -er, -ier. Mit diesen reimen:

a) das lat. Suffix -arium
*gravier* 2473, *graver* 2502, *denier* 2480, *primer* 2496, *plenier* 1609, *cavalier* 1613, *fogier* 1160 etc.

b) lat. ĕ + r ...
*mestier* 1170, *molher* 2608, *entier* 2592.

c) lat. ē + r ...
*ver (vērum)* 905, 2479, *ser* 334, 900, 2471, *cer* 2587, *sers* 1154, *aver* 319, 1596, 2591, 2595. *caser* 2599, *poder* 903.

Die unter a und b angeführten Wörter gehen sowohl im Altfranzösischen wie auch im Provenzalischen auf -ier (-er) aus. Diese Endung konnte man in der prov. Umsetzung beibehalten; dann musste man aber auch die frz. Infinitiv-Endung

-*er* (-*ier*) stehen lassen; denn das entsprechende prov. Suffix -*ar* reimt nicht mit -*ier*.

Aus den angeführten Tiraden ersieht man, dass in der Vorlage, welche der prov. Umsetzer benutzte, -*er* und -*ier* neben einander im Reim standen. Nun aber würde ein Franzose diese Suffixe weder für das Auge, noch für das Ohr als Reime anerkannt haben. Daraus aber folgt, dass der prov. Umsetzer nicht das Manuskript des frz. Dichters, sondern eine spätere Handschrift zur Vorlage hatte. Das Original wird alle diese Wörter mit der Endung -*er* geschrieben haben; es wird also in einem Dialekt verfasst sein, in dem die lat. Endung -*arium* zu -*er* (nicht zu -*ier*) wird und das Bartsch'sche Gesetz keine Geltung hat. Dies ist in den südwestlichen Mundarten der *langue d'oïl* der Fall. In einer von diesen muss die afrz. Chanson gedichtet sein. Ein französischer Abschreiber, der zwischen -*er* und -*ier* unterschied, hat seinem Sprachgebrauch gemäss oft -*ier* statt des im Original stehenden -*er* eingesetzt und dadurch die ursprünglich richtigen Reime gefälscht. Daher stehen in der Croisade als Reime neben einander Wörter wie *comter* 2484, *tuer* 2490, *diner* 2503, *monter* 1603, *preier* 1168, *colquier* 1163, *enrabyer* 1602, *cavalier* 1613, *primer* 2496, 2491, *denier* 2480 etc.

In Bezug auf die angeführten Sprach-Eigentümlichkeiten vergleiche man Ewald Goerlich: die südwestlichen Dialekte der *langue d'oïl*, *Poitou*, *Aunis*, *Saintonge* und *Angoumois* in »Frz. Studien« von Körting und Koschwitz III, 2. Pag. 35 seiner Arbeit sagt Goerlich: »Ein charakteristisches Merkmal für unsere Dialekte gegenüber den nördlichen, östlichen und mittleren Dialekten der *langue d'oïl* liegt in der Nicht-Diphthongierung des durch Umlaut aus *a* entstandenen *e*. Formen auf -*ier*, -*iere* begegnen selten. Original-Urkunden kennen -*ier* und -*iere* fast gar nicht«. Pag. 24 und 25: »Es ist ein Charakteristikum der südwestlichen Dialekte gegenüber sämmtlichen andern Dialekten der *langue d'oïl*, dass das Bartsch'sche Gesetz keine Geltung hat«.

Die unter c aufgezählten Wörter haben ein prov. Gepräge. Die entsprechenden frz. Wörter würden statt des geschlossenen prov. *e* ein *ei* oder *oi* bieten. Allein in südwestlichen Urkunden finden sich auch die dem Prov. entsprechenden Formen mit geschlossenem *e*. Goerlich (pag. 38) sagt darüber: »Als Hauptregel für unsere Dialekte gilt: geschlossenes *e* in offener Silbe bleibt oder (und dies ist gewöhnlich der Fall) wird zu *ei*«. Er belegt dann Formen wie *aver*, *tres*, *pover*, *asaver* etc.

2) Neben den Reimen auf *-er* kommen im ersten Teil der Croisade auch solche auf *-ar* vor. Dies ist der Fall in den Tiraden 19, 40, 77, 83, 115. Hier reimen mit prov. Infinitiven auf *-ar*

a) *a* + einf. *r*

*par* 447, 921, *ampar* 1844, 2420, *bar* 925, *clar* 439, 1864, *mar* 2447, *Bar* (?) 1742, 1847, 2422.

b) *far (facere)* 908, 1737. *afar* 1732, 1861, 907.

c) *Navar* 1754, 1845, 2424.

d) *vair (varium)* 1850, 2434.

Alle Reimsilben dieser Tiraden lassen sich auf ein südwestfrz. *-er* zurückführen; ausgenommen sind *Bar* (?) und *Navar*, *far* und *afar*. Man darf annehmen, dass diese wenigen Reimwörter von dem prov. Umschreiber eingesetzt sind. Vielleicht sind einige Verse, deren Schluss von ihnen gebildet wird, Interpolationen; vielleicht setzte der Umschreiber diese Wörter ein, weil er dadurch andere Schwierigkeiten, die sich ihm boten, beseitigen konnte. Ich will hier gleich bemerken, dass der Dichter des zweiten Teils der Croisade in seinen *-ar*-Tiraden diese Reimwörter auch verwendet. *far* 2777, 3008, 3601, 3634, 6209. *afar* 2789, 3653, 6142. *Navar* 6200.

Das unter d angeführte Wort *vair (varium)* reimt in dieser Schreibung zweimal mit Infinitiven auf *-ar*. Sollte dies *vair* im Südwest-Französischen vielleicht *ver* gelautet haben? Dies würde in den diesen prov. *-ar*-Tiraden zu Grunde liegenden frz. *-er*-Tiraden ein guter Reim gewesen sein. Auch im Prov. reimt es allerdings in einer *-ar*-Tir.; vgl. Hofmeister: Spr. Bernh. v. Vent. in A. u. A. X. S. 9. Anm. Wenngleich ich gezeigt habe, dass die -ar-Tiraden mit Ausnahme von wenigen Reimwörtern aus der afrz. Quelle umgesetzt sein können, so will ich doch damit nicht gesagt haben, dass sie alle notwendig umgesetzt sein müssen. Vielmehr glaube ich, dass der Umsetzer in diesen Tiraden sich ziemlich viel Freiheiten genommen und manches darin interpoliert hat. So ist ohne Zweifel die Tir. 40 vom Umsetzer eingeschoben. Dafür folgende Gründe:

a) Der 40. Tir. geht eine er-Tir. voran; es ist unwahrscheinlich, dass in der afrz. Handschrift zwei er-Tir. hinter einander standen.

b) Die prov. Reime far, afar in dieser Tir.

c) Vers 907 ist neben 1713 die einzige Stelle, wo dem Grafen von Toulouse im ersten Teil der Croisade ein *epitheton ornans* beigefügt wird. Der französische Dichter steht dem Grafen feindlich gegenüber.

d) Es wird 918—31 dasselbe vorgetragen, was 862-68 schon erzählt ist. Während der frz. Dichter in letzterem Passus behauptet, dass der Vicomte de Béziers an der Ruhr gestorben sei, und diejenigen stark tadelt, welche glauben, man habe ihn in der Gefangenschaft getötet, sagt der Interpolator ganz vorsichtig (V. 921):

»Le mals de menazo le pres adoncs, som par
und fügt wohlwollend hinzu v. 930:
»Dieus perse de la arma, si el s'en vol pregar,
Car mot fo grans pecatz!«

3) In den Tir. 29 und 130 reimen mit den afrz. Perfekten auf -a (lat. -avit)

a) a *(habet)* 650, 2738.

b) die 3. Pers. Sing. Fut.:
*plaira* 649, *fara* 662, *aura* 656, *vendra* 2737 etc.

c) *la* 660, 2739, *sa* 2736, 2742, *ja* 651.

d) *fa (facit)* 2733.

Hätte der Umsetzer statt der afrz. Endung -a der 3. Pers. Sing. Perf. die provenzalische -et oder -e eingesetzt, so hätte er mit den unter a, b und c angeführten Wörtern keinen Reim

mehr gehabt; denn diese gehen im Frz. wie im Prov. auf -a
aus. Der Umsetzer war daher, wenn er nicht ganz neue
Reime einsetzen wollte, gezwungen, die afrz. Form der 3. Pers.
Sing. Perf. beizubehalten.

4) In den Tiraden 25, 41, 110, 127 ist der ursprüngliche Reim
schon zur blossen Assonanz geworden. Folgende Zusammen-
stellung giebt eine Uebersicht über die in den einzelnen Tir.
vorkommenden Assonanzen.

|        | -etz. | -et. | -ed. | besondere Fälle. |
|--------|-------|------|------|------------------|
| Tir. 25| 26    | —    | —    | nasques, Dieus.  |
| » 41   | 30    | 4    | —    | vertez, comjeta. |
| » 110  | 5     | 18   | 2    |                  |
| » 127  | 28    | 2    | —    |                  |

Man darf wohl annehmen, dass Tir. 110 im afrz. Original
auf -e und die Tiraden 25, 41, 127 auf -es gereimt haben.
Dass in der Croisade -etz, -et, -ed, -es, -ez, -ets als Reime
neben einander stehen, ist wohl teils der Nachlässigkeit des
Umsetzers oder eines Kopisten, teils der durch die Umschreibung
öfter nötig gemachten Veränderung der syntaktischen Beziehungen
innerhalb des Verses zuzuschreiben.

Es reimen in diesen Tir. mit französischen Part. Pass.
auf -ets und -et

a) lat. $a + t \ldots s \ (a + t \ldots)$

*ciptetz* 578, *letz* 582, *mailetz* 585, *fossetz* 586, *gretz* 936,
*asetz* 2674, *sabetz* 2660 etc. Alle diese Wörter haben
die frz. Form.

b) *Dieus* 583, *Det (deum)* 2321.

Das prov. *Dieus* giebt hier keinen Reim. Das entsprechende
französische *Des*, welches auch Goerlich (pag. 48—49) belegt,
hat ein geschlossenes *e*, ist also in den diesen *ets*-Tiraden zu
Grunde liegenden afrz. *es*-Tir. ein vorzüglicher Reim gewesen.
Der Umsetzer hat wohl *Dieus* eingesetzt, weil er fürchtete,
*Detz* würde von seinen Landsleuten nicht verstanden werden,
Vers 2321 hat er jedoch die dem Französischen ähnlichere
Form *Det (deum)* in einer *et*-Tir. beibehalten. *Det* entspricht
dem frz. *De*; dies kann mit afrz. Part. wie *torne*, *ale*, *monte*

reimen. Da nun der Umsetzer die frz. *e*-Tir. in eine *et*-Tir. umwandelte, war er auch gezwungen, dem frz. richtigen *De* ein *t* anzufügen.

c) *pets (pĕdes)* 957, *lets (laetos)* 2666, *prets (pretium)* 2659, *nasques* 588.

Diese Wörter scheinen vom Umsetzer eingesetzt zu sein. Im Afrz. können sie nicht mit geschlossenem *e* reimen. Auch im Prov. haben sie *e larc*; nur *nasques* hat auch *e estreit* (s. K. Meyer, Prov. Gest. des Perf. in A. u. A. XII S. 12) giebt aber einen schlechten Sinn; aber dem prov. Leser konnte es auf die genaue Aussprache des *ets* in diesen Tiraden gar nicht ankommen, da sein Sprachgefühl durch die beibehaltenen französischen Reime doch verletzt sein musste.

5) Neben den Tir. auf *-ets*, *-et* finden sich auch solche auf *-ats*, *-at*. Ich gebe auch hier eine Tabelle für die Schreibung der Reimsilben in den einzelnen Tiraden.

|       | -at | -ats | -ad |
|-------|-----|------|-----|
| Tir. 8 | 13 | 12 | 1 |
| » 51 | 18 | 8 | 2 |
| » 58 | 24 | 6 | 1 |
| » 68 | 23 | 10 | 2 |
| » 24 | — | 19 | — |
| » 30 | — | 28 | — |
| » 91 | 2 | 20 | — |

Die Tir. 8, 51, 58, 68 scheinen auf frz. *e*-Tir. zurückzugehen. Die in ihnen häufig auftretende Schreibung -*ats* lässt sich meistens nach bekannten grammatischen Regeln zu -*at* bessern. In den wenigen Fällen, wo dies nicht möglich ist, wird man entweder Interpolation oder Veränderungen der syntaktischen Beziehungen innerhalb des Verses annehmen dürfen. Die Tir. 24, 30, 91 gehen auf frz. *es*-Tir. zurück, und die in Tir. 91 zweimal auftretende Schreibung -*at* ist auf Nachlässigkeit des Kopisten zurückzuführen.

In diesen Tir. reimen mit prov. Part. Pass. auf -*ats*, -*at*
a) lat. $a + t \ldots$ oder $a + t \ldots s$
*abat* 154, *comjad* 155, *estats* 158, *regnat* 166, *sabatats*

169, *ciutat* 1120, *cossirats* 1127, *pietat* 1317, *grat* 1334, *Aimerigats* 1542 etc.
b) 2. Pers. Pl. Präs. Ind. und Imperat.
*coselhats* 1992, *donat[s]* 2009, *demandats* 1995, *enserrats* 1998, *aparelhats* 549, *montats* 550.
c) 2. Pers. Pl. Fut.
*issirats* 553, *farats* 554, 1997, *atendrats* 2004, *vencerats* 2006, *trobarats* 550.
d) *Cabarats* 552, *gats* 682.

Sämtliche Reime lassen sich auf ein frz. *-es* zurückführen. Die unter c angeführten Formen der 2. Pers. Pl. Fut. auf *-ats* sind keine provenzalischen (denn diese gehen auf *-ets* aus), auch keine, die sich aus dem Dialekte des Umsetzers erklären lassen, denn dieser bildet im Innern der Verse regelrechte Fut. auf *-ets*. Man muss annehmen, dass der Umschreiber frz. Fut. auf *-ets* vorgefunden habe. Er hatte aber *ats*-Tir. angefangen und war daher gezwungen, prov. unrichtige Fut. auf *-ats* zu bilden.

Paul Meyer (Introd. CIV) sagt darüber: »*Les futurs* (2ᵉ pers. du plur.) *-ats ne sont pas sans exemple. Il est manifeste que l'auteur a voulu rimer en -ats, quoiqu'il n'y soit pas arrivé sans faire aux règles de la déclinaison quelques menues infractions*«. Ich bedaure, dass P. Meyer die Beispiele, die er im Sinn hatte, nicht anführt; vielleicht kommen sie ebenfalls in umgesetzten Denkmälern vor.

Der V. 552 im Reim stehende prov. Ortsname *Cabarats* heisst sonst nur *Cabarets*. Man vergleiche in der Croisade die Verse: 956, 1075, 1177, 1183, 1446, 1465, 1506, 1512, 1522 und ferner Du Mège: Hist. gén. de Languedoc, Band V, Additions et notes, pag. 170. Der französische Dichter konnte wohl den prov. Namen *Cabarets* in einer *es*-Tirade als Reim verwerten. Der Umsetzer, der den afrz. Reim *-es* in den prov. *-ats* verwandelte, musste gegen seinen Sprachgebrauch *Cabaratz* statt *Cabaretz* schreiben, *gats* 682 ist wohl = *gies* und würde sich wie mehrere andere Reimworte durch die südwestfrz. Mischung von *e* und *ie* erklären.

6) Auf *-ea, -eia* reimen im ersten Teil die Tiraden 17, 66, 92, 116, 128, 131. Die Reime sind Feminina der Part. Pass. der *a*-Conj. Aus der Endung *-eia* (lat. *-atam*), welche in der afrz. Vorlage *-eie* gelautet haben wird, ersieht man, dass die Vorlage nur einem südwestlichen Dialekt der *langue d'oïl* angehört haben kann. Man vergleiche Goerlich (pag. 18). Diese Tiraden hätte der Umsetzer mit geringer Mühe in *ada*-Tir. verwandeln können; nur *guerreia* 1519 hätte das nicht gestaltet. Ausser den Tir. auf *-ea, -eia* findet sich auch thatsächlich eine (Tir. 12) auf *-ada*. In dieser reimen nur Partizipia und Substantiva, die auf lat. *-atum* zurückgehen.

7) Folgende Tabelle zeigt die Reimsilben in den Tir. auf *ut, u:*

|  | -ut | -ud | -utz | -u | -us |
|---|---|---|---|---|---|
| Tir. 16 | — | — | 2 | 19 | — |
| » 27 | 19 | — | 3 | 1 | 1 |
| » 67 | 4 | — | 3 | 9 | — |
| » 75 | 15 | 1 | 1 | — | — |
| » 100 | — | — | — | 13 | — |

Es assonieren hier
a) lat. *u* + Dent. . . . .
Part. Pass. *venu* 372, *tenut* 1525, *rendu* 1532, *aperceubut* 1701 etc., *vertu* 373, 382, 619, 1536, 2173, *nu* 388, *ajut* (3 P. S. Präs. Conj.) 1704.
b) *fu* (lat. *fuit*) 369, 380, 1524, 2172.
c) *Ihesus* 625, *Ihesu* 1529.

Sämtliche Reimsilben lassen sich auf die afrz. Endung *-u* zurückführen. Das afrz. *fu*, welches viermal vorkommt, musste der Umschreiber des Reimes wegen stehen lassen, da die entsprechende prov. Form *fo* nicht reimen würde. In den Versen 1525-28 reimt der Umsetzer auf *-ut*; dann kommt 1529 das Wort *Ihesu*, dem er kein *t* anhängen durfte. 1530 bis 36 reimt er dann dem Worte *Ihesu* entsprechend auf *-u* weiter.

8) Es reimen in Tir. 18:
a) lat. *ēna*
*Magdalena, pena, arena, Miscena, serena* etc.
b) lat. *-ana*

*semana, vilana*.
c) lat. *-inat*
*amena, demena*.
d) *dionesa, tela*.
Die Fälle a—c können im Afrz. auf *-eine* (auch *-aine* geschrieben) reimen; die prov. Endungen *-ena* und *-ana* reimen natürlich nicht mit einander.
9) In der Tir. 120 reimen
a) $a + l + i$ -*Elem*....
*vitalha, batalha, vilanalha* etc. Conj. Praes. *valha, alha, talha, asalha.*
b) *trebalha* (Subst.).
Der Conj. Praes. *alha* ist eine frz. Form; da die entsprechende prov. Form nicht mit *-alha* reimt, so war der Umsetzer gezwungen, die französische beizubehalten.
10) Auf *-isa*, Tir. 118, reimen:
a) Part. Pass.
*prisa* 2508, *presa* 2505, *misa* 2510, 2516, *asisa* 2515, 2521.
b) $-i + s + a$...
*guisa* 2507, *grisa* 2512, *bisa* 2513, *camisa* 2519, *comquisa* 2509 etc.
c) *glieisa* (afrz. *eglise*) 2518, *justisa* 2506, *prisa (preciat)* 2517, *Danisa* 2514, *atisa* (afrz. *atise*) 2511.
Die Reime sind durchweg französisch; bei *glieisa* ist die prov. Schreibung angewendet und dadurch der Reim gestört.
11) In Tir. 3 reimen:
a) die auf lat. *-abat* zurückgehenden afrz. Imperf. auf *-ot:*
*apelot, alot, estot, puiot, amenot, amot, predicot, preiot.*
b) *sot (sapuit)* 62, *ot (habuit)* 58, 70.
c) *pot* (3 P. S. Präs. Ind.) 57.
d) *sot* (Adj.).
e) *mot (multum\*).*
f) *tot (tōtum)*.
*tot* hat im Frz. ein geschlossenes o, während alle andern

Reimsilben ein offenes zeigen. Dieses Wort ist also wohl vom Umschreiber eingesetzt. Der Satz, in dem es vorkommt, ist fehlerhaft. P. Meyer I p. 4 Anm. spricht darüber. Hätte der Umsetzer den frz. Reimwörtern dieser Tir. die entsprechende prov. Form gegeben, so hätte er keinen Reim mehr gehabt. Die prov. Formen sind: *estava* [dies Imperf. steht im Innern des Verses 63 der 3. Tir.], *saub, ac* [im Innern V. 60], *pot*. Nach Goerlich haben die Mundarten von Saintonge, Aunis, Poitou, Anjou und Normandie das Imperf. auf *-ot* als gemeinsamen Zug. Sie stehen damit dem mittleren und östlichen Frankreich gegenüber.

12) In den Tir. 4, 72, 93, 109, 122 reimen mit einander
a) lat. $a + n +$ Dent. . . . .
Part. Präs. der a-Conj.: *amblant* 80, *escumenjant* 81, *raubant* 82, *trespassant* 85, *trencant* 86 etc.; ferner *tant* 73, *aitant* 79, *cant* 92, *2306*, *avant* 84, *grant* 2304, *Rotlan* 1643, *Rotlant* 2068, *Normant (and'um)* 2055, 2571, *Alamant* 2296, *Alaman* 1648 etc.
b) prov. = lat. $e + n +$ Dent., im Frz. Vertauschung mit dem Suffix $a + n +$ Dent.: *mescrezant* 76, *corant* 87, *mantenunt* 2308 etc.
c) lat. $e + n +$ Dent. . . . .
*jant* 72, *niant* 78, *parant* 88, *omnipotant* 94, *fromant* 2047, 2309, *vant* 2297, *vestiment* 1633, *solamant* 2042, *ichamant* 2044, *colminalmant* 2045 etc.; *resplant* 2064, 2300, *atant* 1650.
d) *vant (vadunt)* 2043, *an (habent)* 1644, *remant (-anet)* 2051.
e) *an (annum)* 1640.

Dass Wörter, die auf lat. *-ant*, und solche, die auf *-ent* zurückgehen, mit einander reimen, kann nur aus dem Frz. erklärt werden. Einerseits wird bekanntlich in dieser Sprache das lat. Suffix *-ent* im Part. Präs. stets mit *-ant* vertauscht, andererseits kann für die frz. Vorlage bereits Verdumpfung von *e* vor gedecktem Nasal und somit Angleichung an *a* vor gedecktem Nasal angenommen werden. Dem widerspricht es nicht, dass

Goerlich (pag. 42—44) das Schwanken zwischen -*ant* und -*ent* erst in dem letzten Viertel des 13. Jahrhunderts konstatieren zu dürfen glaubt. Im Prov. sind obige Reime unmöglich. Der Umsetzer war gezwungen, viele Wörter, die er mit -*ent* zu schreiben pflegte, des Reimes wegen durch -*ant* wiederzugeben. Dies -*ant* sprach der Prov. natürlich nicht nasal. Hinzugefügt hat der Umsetzer die unter d angeführten Wörter: *vant* (lat. *vadunt*, afrz. *vont*), *an* (lat. *habent*, afrz. *ont*), *remant* (lat. *manet*, afrz. *remaint*) und ebenso das unter e verzeichnete *an* (lat. *annum*).

13) Nasale Verdumpfung zeigt sich auch in den Tir. 28, 107. Hier reimen

a) lat. -*antia, -ancia, -ancea*:
Constansa 2271, doptansa 2273, esperansa 2275, Fransa 634, lansa 636, 2274 etc.

b) lat. -*entia*:
conoisansa 645.

14) Die Tir. 23, welche auf -*ans* reimt, hat dieselbe Eigentümlichkeit. Es reimen darin:

a) lat. *a + n +* Dent. . . . *s*
efans 530, cantans 531, sonans 537, desturbans 535, grans 526, Normans (= and\*us) 527.

b) *corrans* 546, *pendans* 548, *combatans* 543.

c) lat. *e + n +* Dent. . . . *s*
dolans 538, sans (cent+s) 545.

d) lat. *i + n +* Dent. . . *s*
laians (prov. lainz) 532.

15) Ich füge gleich die Tir. auf -*ens* hinzu (76, 106). In diesen reimen:

a) lat. *e + n + t . . . s*
gens 2260, sirvens 1718, argens 2264, cens 2268, vens 2263 etc.
Ferner Adverbien: celadamens 2262, sagramens 2266, bassamens 1715, bonamens 1728.

b) *obediens* 2269, *guirens* 1716, 1719.

c) lat. $i + n + t \ldots s$
*dins* 1713, *dedens* 2257, 2259.

Diese Reime lassen sich ebenfalls auf südwestfrz. *-ans* zurückführen; ausgenommen sind vielleicht die Adverbien auf *-mens*, die nicht afrz., wohl aber prov. sind. Allein es ist merkwürdig, dass in diesen beiden Tiraden gar kein Reim vorkommt, der auf lat. $a + n +$ Dent. . . . $s$ zurückgeht, wie dies in Tirade 23 der Fall ist. Nach meiner Ansicht hat sich der Umsetzer bei der Umdichtung dieser beiden Tiraden grössere Mühe gegeben; er hat versucht, den Reim gut prov. zu machen. Daher musste er Reime, die auf lat. $a + n +$ Dent. . . . $s$ zurückgehen (und solche werden ohne Zweifel gerade so gut in den Tir. 76 und 106, wie in der Tir. 23 der afrz. Vorlage gestanden haben), beseitigen und dafür prov. richtige Reime einsetzen, z. B. Adverbien auf *-mens*. Es liegt hier also freiere Umsetzung vor, in der ein Einfluss der frz. Vorlage nicht zu bemerken ist.

Ich habe bis jetzt diejenigen Reime besprochen, welche mir besonders geeignet erschienen, zu beweisen, dass eine Umsetzung vorliegt, und aus welchem Dialekte umgesetzt worden ist. Eine vollständige Reimuntersuchung werde ich im letzten Teile dieser Arbeit geben.

b) **Während der Reim in manchen Tir. ein frz. Gepräge hat, stehen im Innern der Verse meist rein prov. Wortformen. Dies beruht darauf, dass man im Innern die frz. Formen leicht mit prov. vertauschen konnte, während der Reim oft eine derartige Umsetzung verbot.**

In einer *er*-Tirade kommt folgender Passus vor (vv. 896-7):
. . . . . . a Roma vol *aler*
*Parlar* ab l'apostoli, no vol plus *demorer*.

Die Wörter, welche auf lat. $e + n +$ Dentalis zurückgehen und auf *-ant* reimen, zeigen im Innern der Verse die im Provenzalischen einzig richtige Schreibung *-ent*. Die Prüfung einiger Seiten des Textes wird davon überzeugen.

In der 3. Tir. finden sich im Reim die frz. Formen *ot
(habuit)*, *estot (-abat)*, im Innern derselben Tirade die entsprechenden prov. Wörter *ac* 60, *estava* 63.
Die Tir. auf *-etz*, *-et* zeigen im Innern Parl. mit der prov.
Endung *-atz*, *-at*: *crozatz* 575, *crozat* 932.

  960  Mas li nostre Frances van *serratz* e *rengetz*.

c) Wenn der Umsetzer fand, dass prov. Wortformen um eine Silbe länger waren als die in der afrz. Chanson angewendeten, so liess er die afrz. Formen oft stehen, damit der Vers nicht zu viel Silben bekäme.

  343  De sa terra establir, car mot *avoit* gran cor.
  387  D'aco qu'eli perdran c'ades lor *seit* rendu.
  854  Sin *sereit* capdeletz.
1098  ...... | mas ans que *soit* comques.
1192  Aonitz *soit*, ditz cascus, qui be no se defent!
1532  ......... | que no lor *seit* rendu.
2180  E jamais no n'istra tro que *seit* cofondu.
2216  Que no n'*aveit* plus bels | ....
2030  A la bruior que fa no *seit* tota brizein.
2046  E devas Carcassona don *veneit* pertrait grant.
2057  Bochartz *veneit* rengatz | ....
2366  E per so s'en fugian car om *deveit* gandir.
2448  Que tenc Martis Algais, don *soleit* garrejar.
2560  E mesira Moreu qu'*esteit* son companhon.
1879  El *voleit* mot l'acort de Toloza laor.
1896  Ni no cuh que n'ichis ans *vindreit* lo Pascor.

d) Folgen der Umschreibung sind oft Lückenhaftigkeit der Erzählung und undeutliche Darstellung der historischen Thatsachen.

Da man in Paul Meyers Anmerkungen zu seiner Ausgabe der Croisade fast auf jeder Seite Belege hierfür findet, so beschränke ich mich auf wenige Beispiele.

Der Umsetzer hat gar nicht erzählt, dass Martin Algai, welcher nach den Versen 1975, 2042, 2088 mit den Kreuzfahrern gegen die Albigenser kämpfte, auf die Seite der letzteren getreten ist, wie man dies aus Vers 2447 erkennt. Man vergleiche Pierre de Vaux-Cernai, Kapitel 63: »*Castrum illud dederat comes Tolosae cuidam traditori, nomine Martino Algais, quia sicut in superioribus diximus, fuerat cum comite nostro; sed postea, proditione facta, ab eo recesserat*«.

Tir. 123 erzählt, dass der Graf von Toulouse seinen Sohn für vieles Geld auslöste, obgleich gar nicht mitgeteilt ist, dass er in Gefangenschaft geraten war. Man vergleiche ferner die Verse: 173-4, 248-9, 386-7, 618-9, 702-3, 804, 1042, Tir. 125.

e) Der Dichter der vorauszusetzenden afrz. Chanson ist begeistert für die Sache der Franzosen und der übrigen Kreuzfahrer; der prov. Umsetzer steht dagegen auf Seite der Albigenser.

Folgende Stellen zeigen den politischen und religiösen Standpunkt des frz. Dichters:

   2192 *Nostri baro frances* tuit Montfort! escrierent
   2253 La *nostra gens de Fransa*.
   2449 Peirigord e Sentonge s'en son vengut clamar
        Sai a *nostra croseia*.

Der Umsetzer gehört der Partei der Albigenser an. Dies wird folgender Passus zeigen. Es ist erzählt worden, dass der Graf von Foix und die Seinigen vom Heere der Kreuzfahrer besiegt seien; dann geht es weiter:

   2225 Cant lo coms de Tolosa la noela auzi
        Que lo coms cel de Foiss el lor son decofi,
        Ladonc cujan a certas trastuit estre tral:
        Els detorson lor ponhs; cascus a l'autre *di:*
        »Santa Maria dona, tal *meravilha* qui vi!«
        Que mais de .X. tans eran *li nostre*, so vos di.

Die Verse 2225-9 sind aus dem Frz. umgesetzt, wie man an kursiv gedruckten Wörtern *di* (afrz. *dit*, aber prov. *dis*) und *meravilha* (dreisilbig wie im Frz.) sehen kann. Der Vers 2230 ist dann zur Erklärung vom Umsetzer hinzugefügt. Wären hier »*li nostre*«, wie sonst im ersten Teil der Croisade, die Franzosen oder allgemeiner die Kreuzfahrer, so wäre es gar kein Wunder gewesen, dass die Albigenser besiegt wurden; das Wunderbare ist eben das, dass »*li nostre*«, die Albigenser, mehr als zehnmal so viel waren als die Kreuzfahrer und doch besiegt wurden.

Der frz. Dichter ist streng gegen die Ketzer; er sieht das Unglück, welches sie trifft, als natürliche Folge ihrer religiösen Verirrung an und zeigt daher keine Spur von Mitleid:

```
1078  Mas li nostri Frances e cels de vas Campanha,
      Mancel e Angevi e Breton de Bretanha,
      Loarenc e Friso e celh de Alamanha.
1081  Les ne traiso per forsa ans que vengues la granha,
      E i arson mant eretge felo de puta canha
      E mot fola eretga que ins el loc reganha.
1084  Anc no lor laicha hom que valha .I⁰. castanha.
      Pois gitet hom los cors els mes e mei la fanha,
      Que no fesson pudor a nostra gent estranha
      Aicelas malas res.
  31  Ben avet tug auzit coment la eretgia
      Era tant fort monteia (cui Domni-Dieus maldia!)
```

Vergleiche man hiermit die Interpolation in Tir. 21. Es wird dort erzählt, dass die Kreuzfahrer nach der Erstürmung von Béziers alles töteten und plünderten, dass sie selbst in das Münster vordrangen und dass weder Kruzifix noch Altar den Unglücklichen Schutz bot.

```
496  E los clercs aucizian li fols ribautz mendics
     E femnas e efans, c'anc no cug us n'ichis.
     Dieus recepja las armas, sil platz, en paradis!
     C'anc mais tan fera mort del temps Sarrazinis
     No cuge que fos faita ni c'om la cossentis.
```

In der Tir. 71 wird mitgeteilt, dass der Graf von Montfort, der Führer der Kreuzfahrer, Lavaur genommen habe; die Stelle lautet:

```
1618  A Lavaur son tornat (sc. die Kreuzfahrer) on la lor ost estai.
      La vila agron preza, si col libres retrai;
      Ben .CCCC. eretges del linage putnai
      I arseron en .I. foc, e si feron gran rai.
```

Der afrz. Dichter, der Parteigänger von Montfort, sprach seinem Standpunkt gemäss von den Ketzern als von einem *linage putnai*. Jedenfalls ein recht gehässiger Ausdruck; der Umsetzer, um zu zeigen, dass man es hier nicht mit seinem Urteil zu thun habe, schaltet den nicht bedeutungslosen Satz ein: *si col libres retrai*. Dann erzählt er unter anderm, wie die Kreuzfahrer die Girauda in einen Brunnen gestürzt und Steine auf sie geworfen haben (1625-28). Wie er über diese Grausamkeit denkt, hat er schon 1550-60 gesagt. Dieser Passus ist ohne Zweifel hier interpoliert; denn ohne dass die Eroberung von Lavaur erwähnt ist, wird schon das Unglück der Besiegten geschildert. In Bezug auf die Behandlung der andern Frauen sagt der Umsetzer rühmend:

    1628  E de las autras donas us Frances *cortes gai*
            Las fe estorcer trastotas com om *pros e verai*.

Der frz. Dichter sagt:

    1069  Mas contra l'ost de Crist, que tota gent afina
           No pot garentir rocha que *seit* aut ni rabina
           Ni castela en montanha.

Der prov. Umdichter dagegen:

    1042  Li crezen dels eretges, que an ab lor paria,
           Van dizen que l'avesques, l'abas e la clercia
           Les fan mesclar ves lor, e per aital folia
           Que l'us destrua l'autre; car *qui ensems se tenia,*
           *Tuit li crozat del mon dan tener nols poirian.*
           . . . . . . . . . . . . . . . . . . . . . . . . . . . . .
    1049  Encar veiran elh be, si Dieus me benaia,
           Cal cosselh lor an dat aicels cui Dieus maldia.

In dieser Stelle muss Interpolation vorliegen; denn während die Mehrzahl der Reimsilben auf ein frz. *ie* zurückgeht, entspricht der Reim in *tenia* (1045) und *poirian* (1046) der frz. Endung *-eient*. Ich gebe von dieser Interpolation die Uebersetzung: »die Ketzer, welche mit den Toulousanern gemeinschaftliche Sache machen, sagen, dass der Bischof, der Abt und die Geistlichkeit sie mit einander in Streit bringen, und dass sie durch diese Thorheit sich gegenseitig vernichten; denn wenn sie zusammen hielten, würden alle Kreuzfahrer der Welt ihnen keinen Schaden zufügen können. . . . . Sie werden wohl, so Gott mir helfe, noch sehen, welchen Rat ihnen diejenigen gegeben haben, welche Gott verfluchen möge«.

Wer aber sind diejenigen, welche Gott verfluchen möge? Die Ketzer oder die Geistlichen? Ich meine, die Geistlichkeit; denn diese, *la confrairia* (1038), ist bei der Beratung zugegen gewesen; die Ketzer aber sind mit ihrem Vorschlag nicht durchgedrungen. Eine ähnliche Erbitterung gegen die Geistlichkeit begegnet uns im zweiten Teil der Croisade 4329 ff., 3122 ff., 7830 ff. Paul Meyer (I p. 49) giebt zu dieser Interpolation folgende Anmerkung: *Il n'y a pas trace de cette tirade dans la réd. en prose.*

Tir. 83 erzählt, wie Eustachius de Caus (Kreuzfahrer) in der Schlacht von einem Albigenser tödlich getroffen wird. Dann heisst es von dem Gefallenen:

1853 Anquer no a .II. jorns ques fe penedensar,
Per qu'ieu cre Ihesu Crist l'en voldra perdonar.

Aus dem Worte *anquer* und dem Mitleid, welches sich hier für den gefallenen Franzosen zeigt, ersieht man, dass diese Stelle aus der afrz. Chanson umgesetzt ist. Nachdem dann erzählt worden ist, dass die Franzosen durch einen Angriff den Gefallenen den Feinden entrissen und ihn vom Schlachtfelde fortgetragen haben, fügt der Interpolator mit feiner Ironie hinzu:

1859 Que so que an conquist podon asuts portar.

Denn das, was sie (die Franzosen) erobert haben (den gefallenen Eustachius) können sie wohl tragen.

Mit einer gewissen Bitterkeit sagt der Interpolator zum Schluss der Tirade:

1874 Trastot aicel estiu i voldran ostejar,
Quel plus o an en cor.

Denn am meisten haben sie (die Franzosen) das Kriegführen, nicht das Unterdrücken ketzerischer Regungen im Sinn. Der afrz. Dichter würde dies von seinen Landsleuten gewiss nicht gesagt haben.

Tir. 79 scheint ziemlich frei nach der afrz. Quelle bearbeitet zu sein. Das was nach meiner Meinung Interpolation ist, werde ich einklammern:

1778 Senhor, mot fo la osts fera e meravilhosa,
[Aicela dels crosatz, e mala e urgulhosa].
. . . . . . . . . . . . . . . . . . . . . . . . . .
1783 Plus de gent ac laïns (in Toulouse), si fos tant poderoza;
[Que de totas ciutatz es cela flors e roza.]
Mas non es tant ardida cela gens e tant oan
Que no es la dels crosatz [so nos retrais la gloza
E fan o ben parvent].

Es folgt aus dem Eingeklammerten, dass der Interpolator den Kreuzfahrern feindlich gegenüber steht und dass er Toulouse sehr hoch schätzt. Auch im zweiten Teil der Croisade wird den Franzosen Hochmut vorgeworfen (v. 6927 u. a.).

f) Kamen in der afrz. Chanson Sachen vor, die der prov. Umsetzer nicht recht glaubte, oder solche, für deren Genauigkeit in der Angabe er selbst nicht verantwortlich sein wollte, oder die gegen seine Partei gerichtet waren, so sagt er wohl:

*si com ditz la cansos,
si la gesta no ment,
so nos retrais la glosa.*

(Solche Redensarten wurden von Jongleurs und Umschreibern häufig gebraucht. Nach meiner Auffassung wollten sich diese Leute damit nicht auf ihren eigenen Gesang, sondern auf ihre Quellen beziehen, um ihre Erzählung glaubwürdiger zu machen. Besonders zweckmässig scheint mir dies Verfahren gewesen zu sein, wenn es sich um genaue Angaben handelte, welche der Dichter aus eigener Erfahrung gar nicht wissen konnte).

Als der Krieg gegen die Albigenser von der Geistlichkeit beschlossen ist, heisst es:

182 Quant lo coms de Tolosa e li autre baro
El vescoms de Bezers an auzit lo sermo
Que los Frances se crozan, no *cug* lor sapcha bo,
Ans ne son mot irad, *si cum ditz la canso.*

Tirade 12 beginnt:

Senhor, nicesta oets fo aisi comensada
Si co avetz auzit *en la gesta letrada.*

Sollte dies gar heissen: wie Ihr in der abgeschriebenen, umgeschriebenen Geste gehört habt? Belege für *letrada* in dieser Bedeutung habe ich freilich nicht gefunden.

Der Anfang der Tir. 35 ist eine Uebertragung aus dem afrz. Original (cf. *riche* 799). Nachdem der frz. Dichter mit grosser Begeisterung von Simon de Montfort gesprochen hat, geht es in dem vorliegenden Gesange weiter:

805 Senher fo de Monfort, de la honor que i apent,
E fo coms de Guinsestre, *si la gesta no ment.*

Hier hat die Geste in der That gelogen: denn Simon de Montfort war nicht Graf von Winchester, sondern von Leicester.

In den Versen 560-567 soll die Festigkeit der Stadt Carcassonne gezeigt werden. Zu dem Zwecke erzählt der Dichter, dass *Karles l'emperaire, le forts reis coronatz* sieben Jahre hindurch Sommer und Winter die Stadt vergeblich belagert habe; dass sich aber die Türme vor ihm neigten, als er fortzog. Es wird dann mit der fast scherzhaft klingenden Bemerkung fortgefahren:

*Si la gesta no men, aiso fo veritatz.*

Von der Belagerung von Termes wird erzählt:

1270 Lai tengron Pentecosta, Pascha e Ascension
E la maitat d'ivern, si com dits la canson.

Hier lässt vielleicht schon die wunderbare Art der Zeitbestimmung darauf schliessen, dass eine Umarbeitung vorliegt. Man vergleiche auch Vers 1525:

.*I. mes e . V. setmanas i an seti tenut.*

Als verantwortlich für die Genauigkeit folgender Angaben stellt der Umsetzer seine Quelle hin:

1579 Qn'eran be .V. melia, si com ditz la canson.
1980 Un jorn fo a Carcassona, si com ditz la cansos,
E tot enviro lui ben .CCC. companhos
2417 Lo setis i fo mes de la l'Ascension
E durec tro a setembre, si com ditz la canson.

## II.
## Ermittelung der Verfasser.

Nachdem erwiesen ist, dass der erste Teil der »*Chanson de la croisade contre les Albigeois*« eine Umsetzung eines südwest-französischen Gedichtes in das Provenzalische ist, drängen sich folgende Fragen auf:

A) Wer ist der Umsetzer des ersten Teils?
B) Wer ist der Dichter des zweiten Teils?
C) Wer ist der Verfasser der dem ersten Teile zu Grunde liegenden afrz. Chanson?

An zwei Stellen des vorliegenden Gesanges
1) vv. 1—20
2) vv. 202—220

wird ein *maestre W. (Guillem)* als Verfasser angeführt und in Vers 3 der Croisade hinzugefügt: *us clercs qui en Navarra fo a Tudela noirit.* Wer ist nun der *maestre Guillem?* Da dieser Name nicht nur zu Anfang des ganzen Gedichtes (v. 2), sondern auch innerhalb des ersten Teils (v. 207) vorkommt, so darf man jedenfalls annehmen, dass er etwas mit dem ersten Teile zu thun habe. Es ist demnach zu entscheiden, ob *maestre Guillem* Umsetzer des ersten Teils, oder Verfasser der dem ersten Teile zu Grunde liegenden afrz. Geste ist.

### A.

*Maestre Guillem, us clercs qui en Navarra fo a Tudela noirit,* ist nicht Verfasser der afrz. Geste, sondern Umsetzer und Interpolator derselben.

Folgende Gründe haben mich bestimmt, dies anzunehmen:
1) Da es bekannt ist, dass zur Zeit der Abfassung dieses Gedichtes jenseits der Pyrenäen ein dem Prov. sehr nahe stehender Dialekt gesprochen wurde, so kann man wohl annehmen, dass ein Mann, der zu Tudela in Navarra erzogen, dann (wenigstens nach dem von Raynouard im Lex. rom. I, 226 veröffentlichten Fragment) elf Jahre in Montauban gewesen, später unter Protektion des Grafen Baudouin von Toulouse in St. Antonin Kanonikus geworden ist, in prov. Sprache schreibt (sei es nun reines Prov., oder ein Prov., das Spuren der Mundart von Tudela in sich trägt), nicht aber in einem frz. Dialekt.

Paul Meyer nimmt an, dass *maestre Guillem* einen Jargon geschrieben habe, der mehr frz. als prov. Elemente enthielt; die frz. Elemente habe er sich aus der Lektüre afrz. Gesten und aus dem Umgang mit frz. Kreuzfahrern angeeignet. Dieser Erklärungsversuch kann mich nicht überzeugen. Denn abgesehen davon, dass es an Analogien dafür fehlt, sieht man gar nicht ein, wie ein Dichter, der sich mühselig einige franz. Brocken angeeignet, darauf verfallen sollte, diese in umfangreicher Weise in einem Gedichte zu verwerten. Für welchen Leserkreis könnte er denn wohl diesen Jargon fabriziert haben? Provenzalen sowohl wie Franzosen haben eine solche Sprache nur mit grosser Mühe verstehen können.

2) Dass *maestre Guillem*, der in Tudela erzogen war, nicht Verfasser des afrz. Gedichtes, sondern nur Umsetzer und Interpolator desselben sein kann, geht auch daraus hervor, dass gerade in einer Interpolation (v. 113) Tudela stark hervorgehoben wird und dass nach der Darstellung des Interpolators der Papst zuvörderst den heiligen Jakobus von Compostela, dann erst den heiligen Petrus von Rom anruft (vv. 100-101). Dass man es hier wirklich mit Interpolation zu thun hat, ergiebt sich aus dem Umstand, dass zu Schluss der Tir. 5 auf die Schlacht bei *las Navas de Tolosa* angespielt wird, welche erst am 16. Juli 1212 stattfand, während in Tir. 9, Vers 205 gesagt wird, die Chanson sei im Mai 1210 begonnen. Paul Meyer, welcher meint, dass der erste Teil des Gedichtes von *Guillem de Tudela* verfasst sei, hat auf Grund dieser Stelle und der Verse 137-8, in welchen eine Thatsache erwähnt wird, die erst am 12. März 1212 eingetreten ist, behauptet, nicht im Mai 1210, wie das Gedicht angiebt, sondern 1212 sei die Chanson angefangen worden. Diese ziemlich willkürliche Aenderung wird aber dadurch unnötig gemacht, dass *maestre Guillem* nicht Verfasser der afrz. Geste, sondern nur Interpolator derselben gewesen ist. — Hier will ich gleich bemerken, dass ich es nicht für richtig halte, einen Guillem, von dem nur erzählt wird, dass er zu Tudela in Navarra erzogen ist, auf Grund dieser Thatsache Guillem von Tudela zu nennen. Ich werde daher in dieser Schrift die Person, welche in der provenzalischen Literaturgeschichte bis jetzt den Namen Guillem von Tudela führt, kurz *maestre Guillem* nennen.

3) In den Versen 113—120 spricht der Interpolator seine Absicht aus, über die Schlacht bei *las Navas de Tolosa* einen guten, neuen Gesang auf schönem Pergament anzufertigen. Thatsächlich beginnt mit der genannten Schlacht die »*Chanson de la guerre de Navarre*«, die in mannigfacher Beziehung Aehnlichkeit mit der Croisade hat. Der Verfasser derselben nennt sich in der lateinischen Ueberschrift zu dem Gedichte *Guillelmus Anelier de Tolosa*. Der Toulousaner *Guillem Anelier*

schreibt also über einen spanischen, der Spanier *maestre Guillem* über einen prov. Stoff. Sollte es nicht möglich sein, diese beiden Dichter zu identifizieren? Nach Paul Meyers Annahme, dass der erste Teil der Croisade von *Guillem de Tudela* gedichtet und 1212 begonnen sei, war die Möglichkeit der Identifizierung ausgeschlossen, da die *Guerre de Navarre* Ereignisse erzählt, welche noch in die Jahre 1270—80 fallen. Ist aber *maestre Guillem* nur Umsetzer und Interpolator des ersten Teils, so liegt die Sache ganz anders. Verschiedene Umstände, die ich hier nur ganz flüchtig andeuten kann, scheinen die Identifizierung des *maestre Guillem* mit *Guillem Anelier de Tolosa* zu begünstigen:

a) Es ist nicht ausgeschlossen, dass *maestre Guillem* in Toulouse geboren ist.
b) *Maestre Guillem* steht in seinen Interpolationen auf Seite der Toulousaner.
c) Er schätzt Toulouse sehr hoch; denn Vers 1784 nennt er es die Blume und Rose aller Städte.
d) In Bezug auf Aehnlichkeit beider Gedichte vergleiche man P. Meyer: Chanson de la croisade contre les Albigeois, Introd. p. XXIX—XXXI.

Ich möchte hiermit nur die Frage nach der Identität des *maestre Guillem* mit dem Verfasser der *Guerre de Navarre*, die nach P. Meyers Theorie über die Entstehung der Croisade unzulässig war, aufs neue angeregt haben. Dieselbe wird von Herrn Diehl in einem späteren Hefte der Ausg. u. Abh. eingehend behandelt werden.

## B.

*Maestre Guillem*, der Umsetzer und Interpolator des ersten, wird zugleich selbständiger Dichter des zweiten Teils der »*Chanson de la croisade contre les Albigeois*« gewesen sein.

Hierfür folgende Gründe:
1) Es hat eine gewisse Berechtigung, dass ein Mann, der

von einem 9578 Verse langen Gedichte 6810 Verse selbständig verfasst und die übrigen 2768 Verse umgesetzt und interpoliert hat, sich als Autor des Werkes nennt, besonders da in dem umgesetzten Teil auf die Quelle häufig Bezug genommen wird. Bodenlose Anmassung müsste man dem vorwerfen, der für das zweifelhafte Verdienst einer schlechten Umsetzung die Autorschaft des Gedichtes beanspruchen würde.

2) Die Sprache des zweiten Teils ist ein von frz. Elementen freies Provenzalisch; dasselbe gilt von den Interpolationen und den freier bearbeiteten Tiraden des ersten Teils.

3) In dem zweiten Teil der Croisade zeigt der Dichter einen starken Hang zur dialogischen Form der Erzählung; eine ähnliche Neigung findet sich in einigen Stellen des ersten Teils, die man ihrer guten Sprache wegen wenn nicht für Interpolation, so doch für freie Bearbeitung des gegebenen Stoffes halten muss. Man vergleiche beispielsweise Tir. VI, VII, Anfang von XXIV, XXVII v. 625 bis XXIX v. 652, XXXI, XXXII bis v. 737 etc.

4) Der Dichter des zweiten Teils ist Parteigänger der Toulousaner und Feind der Kreuzfahrer; dasselbe habe ich schon vom Interpolator des ersten Teils unter I, e dieser Arbeit gezeigt. Um sich von der Parteistellung des Dichters des zweiten Teils zu überzeugen, lese man nur Tir. CXLIII—CLIV, oder man vergleiche Paul Meyers Ausgabe der Croisade, Introduction §§ IX und X.

Hieraus scheint zu folgen, dass *muestre Guillem* selbständiger Dichter des zweiten Teils ist.

5) Darauf deutet auch noch die Thatsache hin (die Paul Meyer gar nicht bemerkt zu haben scheint), dass alle von ihm (Introd. p. XXIX und XXX) angeführten Stellen der *Guerre de Navarre* Stellen des zweiten Teils der Croisade entsprechen, also des Teils, der von Guillem selbständig gedichtet ist. Folgende Parallelstellen hat P. Meyer angeführt:

| G. de Navarre. | Croisade. |
|---|---|
| 2461 | 5975 |
| 4339-4344 | 4685, 4904, 4714 |
| 4355-6 | 4721-22 |
| 3459 | 4724 |
| 4382 | 4854 |
| 4388-9 | 4808 u. 4845 |
| 4405 | 4902 |
| 4421-3 | 4909-11 |
| 4573-4 | 6340 |

Diese merkwürdige Aehnlichkeit in beiden Gedichten zeigt deutlich, dass *maestre Guillem* das Versprechen, welches er in den Versen 113—120 des ersten Teils gegeben, in der That gehalten hat. Auch sie bildet einen Anhaltspunkt für die Identifizierung des *maestre Guillem* der Croisade und des *Guillem Anelier de Tolosa* der *Guerre de Navarre.*

C.

**Der Verfasser der afrz. Geste ist meiner Ansicht nach Pons aus Melle in Poitou.**

Gründe:

1) Zwischen den Tiraden 131 und 132, also gerade zu Schluss des aus dem Afrz. umgesetzten Teils der Croisade finden sich in dem einzigen, bis jetzt bekannten Manuskript in denselben Schriftzügen, in denen der ganze Text des Gedichtes geschrieben ist, die Worte »*Pons escriua*«. cf. P. Meyer I. 123 Anm. zu v. 2768. Ohne Zweifel soll durch diese Bemerkung angedeutet werden, dass hier die Umsetzung zu Ende sei, Guillems eigene Dichtung aber beginne.

2) Die Verse 110-115 lauten:

De lai de Monpeslier entro fis a Bordela
O manda tot destruire si vas lui se revela;
Aisi com o retrais *maestre Pons de Mela.*
Que l'avia traues lo reis qui te Tudela,
Senher de Pampalona, del castel de la Estela,
Lo mielher cavalers que anc montes en cela.

Nachdem 110-111 eine einfache Thatsache erzählt ist, sagt der Interpolator: so wie das *maestre Pons* von Mela berichtete. Ich zweifle nicht daran, dass *maestre Guillem* sich hier auf den Verfasser der dem ersten Teile seines Werkes zu Grunde liegenden afrz. Geste bezieht. Was übrigens den Zusatz »denn ihn hatte der König von Navarra geschickt« anlangt, so glaube ich, dass entweder zwischen den Versen 112 und 113 eine Lücke ist, oder dass der Umsetzer, *maestre Guillem*, keine bessere Gelegenheit finden konnte, seinen neuen Gesang über die Schlacht bei *las Navas de Tolosa* anzukündigen. Es ist wahrscheinlich, dass Pons von Mela niemals Gesandter des Königs von Navarra gewesen ist.

Wie willkürlich *maestre Guillem* verfährt, um etwas, was ihn gerade interessiert, anbringen zu können, ersicht man aus Vers 103, welcher lautet:

Aqui (in Rom) fo fraire A., li abas de Cistela.

P. Meyer (II p. 7 Anm. 2) sagt über diesen Vers: *»La présence de l'abbé de Citeaux à ce conseil* (in Rom) *est fort donteuse. En effet, Pierre de Vaux-Cernai ne fait point mention de lui alors qu'il parle (au commencement du ch. IX) du voyage à Rome des évêques de Toulouse et de Conserans. Bien plus, au ch. X, il nous montre Milon et son compagnon Thédise se rendant en France en exécution des ordres du pape, et allant tout d'abord à Citeaux pour y conférer avec l'abbé«.*

Ich habe den Umsetzer *maestre Guillem* im Verdacht, dass er den Abt nur eingeführt hat, um in Tir. 6 und 7 einen Dialog vorzuführen, wie es im zweiten Teile so häufig geschieht. Es ist wohl nicht zu bestreiten, dass die beiden angeführten Tiraden vom Umsetzer eingeschoben sind. In der That fördern sie die Erzählung nicht, sondern sie bringen nur dasselbe, was vv. 110-111 in schlichten Worten erzählt worden ist, in Form eines Zwiegesprächs noch einmal. Es kommt mir vor, als wenn *maestre Guillem*, der uns Vers 119 einen guten, neuen Gesang versprochen hat, in den Tiraden 6 und 7 eine Probe seines eigenen Stils habe geben wollen, um den Unterschied seiner

Darstellungsweise von der trockenen Erzählung des *maestre Pons de Mela* klar zu machen.

3) Da ich früher nachgewiesen habe, dass einerseits die Verse 202-220 aus der afrz. Quelle umgesetzt sind und dass andererseits *maestre Guillem* nicht Dichter, sondern nur Umsetzer des ersten Teils ist, so folgt daraus, dass ursprünglich im Verse 207 gar nicht Guillem gestanden haben kann. Der Vers lautet:

> Maestre W. la fist | a Mont Alba on fo.

Da »*maestre*« dreisilbig ist, so ist das erste Hemistich des Verses um eine Silbe zu lang. Die dreisilbige Aussprache des Wortes ist gesichert durch die Schreibung der Handschrift »*maestre*« und durch zahlreiche Verse, z. B. vv. 104, 112, 5274, 5291, 5300.

In Vers 2, wo auch *maestre Guillem* erwähnt wird, ist die zweite Vershälfte um eine Silbe zu lang:

> Comensa la cansos | que maestre W. fit.

Diese metrischen Fehler werden in beiden Versen beseitigt, sobald man das einsilbige Pons statt des zweisilbigen Guillem einsetzt.

4) Es lassen sich die dialektischen Eigentümlichkeiten der südwest-französischen Chanson, soweit sie noch aus der Umsetzung erkennbar sind (cf. I, a) vollständig aus der Lage von Mela erklären.

Der prov. Name Mela, welcher in Tir. 5 im Reime mit *novela, bela* steht, entspricht der frz. Form Melle. In der That findet sich noch jetzt südöstlich von Niort ein Ort dieses Namens. Also in Poitou, im südwestlichen Nord-Frankreich, haben wir die Heimat des afrz. Dichters zu suchen.

Zur Stützung meiner unter I, f dieser Arbeit ausgesprochenen Meinung möchte ich hier noch bemerken, dass der Umsetzer erst, nachdem er Pons von Mela als seine Quelle angegeben hat, sich der Phrasen bedient: *si la gesta no ment, si com ditz la cansos, so nos retrais la gloza.*

## III.
## Das Leben des maestre Pons von Melle.

Wie gezeigt worden, hat sowohl in Vers 2 wie auch in Vers 207 statt Guillem ursprünglich Pons gestanden. Es bleibt mir nun die Aufgabe, zu entscheiden, ob die biographischen Notizen in dem Gedichte sich auf Pons oder auf Guillem beziehen, mit andern Worten, ob irgend ein Abschreiber mit der Namensänderung auch zugleich eine Abänderung der biographischen Angaben vorgenommen hat, oder nicht.

In den Versen 202—220 scheint dies nicht der Fall zu sein; denn die biographischen Notizen beziehen sich offenbar auf *maestre Pons*. Es wird dort gesagt, dass Pons im Mai des Jahres 1210 zu Montauban, wo er damals war, den Gesang angefangen habe. In dem Gedichte spricht, sofern die Verse 112—120 und 137—8 Interpolationen sind, nichts gegen die Wahrheit dieser Aussage des Verfassers; vielmehr wird der Aufenthalt des Pons in Montauban noch wahrscheinlicher gemacht durch die Verse 1930—33.

> E trastuit li roter se mistrent en la via
> E cels de Montalba que ieu no omblit mia
> Ni Castel Sarrazin, si Dieus mi benazia.

Die Verse 1—27 und das Fragment von Raynouard (Lex. rom. I, 226) rühren nicht von Pons her, sondern sind als eine Art literarhistorischer Einleitung zu betrachten, welche ein Schreiber nach dem Tode des maestre Pons der afrz. Geste vorangestellt hat.

Hierfür folgende Gründe:

1) Es ist nicht anzunehmen, dass der Verfasser von sich selbst gesagt habe:

> 4 Mot es savis e pros, si cum *l'estoria* dit,

oder nach dem Fragment von Raynouard:

> Pois vint a Montalba, si cum *l'hestoria* dit.

2) Der Dichter würde kaum von sich selbst im Perfektum geredet haben in den Versen 5 und 6:

Per clergues e per laycs *fo* el forment grazit,
Per comtes, per vescomtes amatz e obezit.

3) Man kann sich nicht vorstellen, dass ein Mann, der in der ersten Tir. behauptet, Geistliche und Grafen hätten ihn geliebt und ihm gehorcht, und in dem Fragment von Raynouard sagt, er sei zum Kanonikus von Saint-Antonin ernannt worden, dass ein solcher Mann in Tir. 9 zu äussern wagt, das Zeitalter wende sich zum Bösen, da die reichen Leute den guten Sängern nichts geben wollten.

Es scheint mir, als ob das Fragment von Raynouard, obgleich es nur schlecht überliefert ist und von einer ziemlich modernen Hand geschrieben sein soll, der Einleitung zu der vorauszusetzenden afrz. Chanson näher komme als die Tirade I des Gesanges. In der ersten Tirade ist nach meiner Ansicht, nachdem Pons in Guillem umgewandelt ist, der Versuch gemacht worden, auch die biographischen Notizen, die sich auf Pons bezogen, zu beseitigen und dafür solche aus dem Leben des *maestre Guillem* einzusetzen. Daraus erklärt sich auch wohl die verworrene Konstruktion in den Versen 7—18 der ersten Tirade.

Dass die Angaben des Fragments von Raynouard sich auf Pons beziehen und Wahrscheinlichkeit für sich haben, werde ich jetzt zu zeigen versuchen.

Statt der Verse 4—6 der Croisade hat das Fragment von Raynouard:

Pois vint a Montalba, si cum l'hestoria dit:
S'i estet onze ans, al dotze s'en issit.

(Dann kam Pons nach Montauban, wie die Geschichte sagt, und blieb dort elf Jahre; im zwölften ging er fort).

Dass Pons in Montauban längere Zeit gelebt hat, scheint mir aus den oben angeführten Versen 1930—33 hervorzugehen; dass er aber gerade 11 Jahre dort geweilt, lässt sich aus der Chanson nicht beweisen.

Statt der Verse 15—18 hat das Fragment von Raynouard:

Per so s'en issit il, cum avez oït:

A] oomte Baudoi (cui Jesus gard e guit!)
Vint el, a Bruneguel, que mon goy l' [quil a joie?] aculbit;
Puis lo fist far canonge, ses negut contradict,
Del borc Sainct Anthoni, qu'il avoit establit
Ab maestre Tecin que fort o enantit,
E Jaufre de Peitius qui [que?] lui pas non [n'om?] oblit.

[Daher ging er fort (von Monlauban), wie Ihr gehört habt. Zum Grafen Baudouin (den Jesus bewahre und führe!) kam er nach Bruniquel, weil Mongoy ihn aufnahm (? der ihn mit Freuden aufnahm). Dann liess Baudouin ihn ohne irgend einen Widerspruch zum Kanonikus von der Stadt Saint-Antonin, welche er besetzt hielt, machen, zugleich mit *maestre Tecin*. welcher das sehr förderte, und [mit?] Geoffroi von Poitiers, welcher ihn nicht vergisst (dass man ihn nicht vergesse (?))].

Dass der Dichter Pons in Saint-Antonin gewesen ist, dafür scheinen die Verse 2389—93 zu sprechen. Nachdem erzählt worden ist, dass die Franzosen Saint-Antonin genommen hatten, wird vom Interpolator eingeschaltet:

Ja Domi-Dieus de gloria mos pecatz nom perdon,
Si, mentr'el combatian, li clerc cela sazon
No cantavan Sancti Spiritus a gran procession,
Que ben de mega lega en ausiratz lo sonl
No sai que von diches nin fessa lonc sernion.

Aus der spöttischen Bemerkung über die Geistlichen von Saint-Antonin und aus dem letzten Verse der angeführten Interpolation scheint zu folgen, dass Pons an dieser Stelle eine eingehende Schilderung hatte, die *maestre Guillem* absichtlich abkürzte; ferner, dass Pons die Wirksamkeit der Geistlichen von Saint-Antonin in der weggelassenen Stelle besonders hervorgehoben habe. Dieser Umstand könnte darauf hindeuten, dass er selbst in Saint-Antonin Geistlicher gewesen sei.

Das Fragment erzählt weiter, dass Graf Baudouin sein Beschützer war. Auch dies lässt sich aus der Chanson nicht direkt beweisen. Aber das Interesse, welches Pons in seiner Erzählung für diesen Mann von sehr zweifelhaften Tugenden zeigt, macht die Angabe des Fragments im höchsten Grade glaubwürdig. Folgende Betrachtung möge dies zeigen:

Baudouin war Bruder des Grafen Raimon VI von Toulouse. Als Baudouin für seinen Bruder Montferrand besetzt hatte und dies von den Franzosen belagert wurde, erzählt der Dichter weiter:

> 1642 Lo coms Baudois i era qu' era pros e valhant.
> Sos cors val ben per armas Olivier o Rotlan,
> E s'il agues pro terra co motz d'autres princeps an
> El conquerria enquera assatz e son vivant.
> Lo coms R. nos fraire l'i mes en garnimant.
> Si fos lo castel forts nisi col noms es grans,
> Nol prezan a lor vida Frances ni Alaman.

1652—95 wird dann gesagt: Die Belagerten erwarteten jeden Augenblick getötet und gefangen genommen zu werden. Da that Jesus ein grosses Wunder für sie, indem er zugab, dass sie nicht gefangen wurden. Der Graf von Montfort, der Führer der Kreuzfahrer, war nämlich Baudouin zugethan und viele andere, weil sie sehr viel Gutes von ihm hörten. Die Verse 1680 - 88 lauten dann:

> Mas lo coms de Chalo list gran essenhament,
> Qu'un crozat i trames que cride autament:
> »Senher coms Baudois, venet segurament,
> Que mosenher lo coms sai defora vos atent;
> A totz los baros platz lo vostre acordament«.
> No sai plus que vos dia pluzor alongament:
> Lo coms i es ichitz can la razon entent,
> Be sap que no i a gaire pus de defendement;
> Lo castel lor rende cant venc al leniment.

Paul Meyer sagt hierzu (II, p. 92 Anm. 5): »*La conduite de Baudouin ressemble fort à une trahison, surtout si on considère les relations qui s'établissent entre lui et le comte de Montfort*« (voy. la tirade LXXVI). Offenbar zeigt Baudouin hier und in der von Paul Meyer angeführten Tirade ein unritterliches Benehmen. Um dies zu vertuschen, musste *maestre Pons* freilich, wenn auch ohne Beweise für Baudouins Tapferkeit, ihn mit Roland und Olivier vergleichen und Jesus ein Wunder für ihn thun lassen; sonst würde jeder den Verrat zu leicht gemerkt haben.

Mit derselben Absicht hat Pons auch wohl folgende Verse geschrieben:

1733 E venc (Baudouin) s'en a Tolosa ab son fraire parlar
Que anc no l'amè gaire, ni anc re nol volc dar
Com om fa a so fraire, ni en sa cort ondrar.

Dass diese Angabe Unwahrheit enthält, ersieht man aus einem Testament des Grafen von Toulouse, welches er vor seiner Reise nach Rom im Jahre 1209 gemacht hat. Dieses Testament hat Du Mège in seiner Histoire générale de Languedoc, Band 5, p. 571—3 abgedruckt. Hieraus nur folgende Stelle: *Item dimitto et dispono Baldoyno, fratri meo, et infantibus quos ex legitimo matrimonio habuerit, totum pignus comitatus de Amaluvo, et totum pignus quod habeo in Roca de Valserga, ita tamen quod Baldoynus, frater meus, nec sui infantes, nec aliquis, nec aliqua qui ab eo exeat, non possint jam dicta pignora a se ullo modo alienare, etc.*

Baudouin kämpfte fortan auf Seite Simons von Montfort und der Kreuzfahrer gegen seinen eigenen Bruder. Zieht man die unehrliche Handlungsweise Baudouins und das Bemühen des Pons, die Fehler seines Beschützers zu bemänteln, in Betracht, so darf man wohl annehmen, dass der in Vers 740 erwähnte mächtige Verwandte des Vicomte de Béziers, welcher diesen in das Zelt des Grafen von Nevers zur Unterhandlung führt und ihn nachher im Stich lässt, ebenfalls der Graf Baudouin gewesen sei. Das Benehmen des mächtigen Verwandten tadelt der Dichter durchaus nicht, sagt aber über den Vicomte de Béziers:

742 Qu'el se mes en ostatges de grat e de talant;
E fe i mot que fols, per lo meu essiant,
Cant se mis en preizo.

Selbst Nebensächliches hält der Dichter des Erwähnens wert, wenn es sich um Baudouin handelt. So erzählt er von ihm, als er über die Belagerung von Moissac berichtet:

2525 Lo comte Baudols i fazia gran cost;
Mota auca i manjet e mot capo en rost,
Aisi co m'o contè so bailes el prebost.

Aus dieser übertriebenen, in solchem Masse keinem andern zugewandten Aufmerksamkeit erhält die Aussage des Fragments von Raynouard, dass Graf Baudouin der Beschützer des Dichters Pons von Melle gewesen ist, grosse Wahrscheinlichkeit.

Nach dieser Untersuchung wird es möglich sein, mit einigen Sicherheit Thatsachen aus dem Leben des Dichters der dem ersten Teil der Croisade zu Grunde liegenden afrz. Geste zu geben. Doch will ich zuvor aus dem Leben des Grafen Baudouin einige Daten anführen, welche für die Biographie des Dichters Pons von Melle in Betracht kommen:

1211 im Juni erhielt Baudouin Bruniquel (cf. Fauriel, Introd. p. CX).

1212 noch vor dem Himmelfahrtsfeste wurde ihm von Simon de Montfort Saint-Antonin übergeben (cf. Tir. 114).

1212 im Herbste ist Baudouin bei der Belagerung von Moissac (cf. Tir. 119).

1214 im Februar wird er gefangen genommen und gehängt.

Der Dichter Pons stammt aus Mela, frz. Melle, in Poitou. Er begann im Mai des Jahres 1210 sein Gedicht zu Montauban, wo er elf Jahre gelebt hat. Im 12ten Jahre seines dortigen Aufenthaltes begab er sich zum Grafen Baudouin nach Bruniquel. Vergleicht man die vorangeschickten Daten, so wird dies zwischen Juni 1211 und Himmelfahrt 1212 gewesen sein. Dann liess Baudouin ihn zum Kanonikus in Saint-Antonin machen, nach obigen Daten wahrscheinlich in den Sommermonaten 1212. Der Gesang des Pons de Mela schliesst mit Ereignissen aus dem Jahre 1213. Es scheint, als ob der Dichter noch vor dem Tode seines Beschützers, also vor dem Februar 1214, gestorben ist; folgende Stellen gegen Schluss des ersten Teils sprechen dafür:

> 2746 E nos, si tant vivem, veirem cals vencera,
> E metrem en estoria so que nos membrara,
> E escrivrem encara so que nos sovindra,
> Aitant cant la materia adenant durara
>   Tro la guerra er *finea*.
> 2287 E lo coms Baudoïs, cui Ihesus gart e guit!

Ferner spricht dafür das Fragment von Raynouard, welches, wie ich oben nachgewiesen, eine Art literarhistorischer Einleitung ist, die erst nach dem Tode des Dichters, aber vor der Erhängung des Grafen Baudouin, also vor dem Februar 1214 verfasst sein muss. Das Letztere geht aus folgenden Worten hervor:

Al comte Baudol (cui Jesus gard e guit!)
Vint el a Brunequel, que mon goy l'aculbit.

Obgleich nun *maestre Pons de Mela* zu der Zeit schrieb, in welcher die geschilderten Ereignisse stattfanden, so ist sein Werk doch nur mit grosser Vorsicht als Quelle historischer Forschung zu gebrauchen.

Gründe:

1) Pons ist ein eifriger Parteigänger Simons de Montfort, der Franzosen und Kreuzfahrer; den Führern dieser Partei spendet er sein Lob und seine Aufmerksamkeit in überschwänglicher Weise. Aeusserst zurückhaltend ist er dagegen mit seinen Lobspendungen für die Führer der Albigenser, besonders für den Grafen von Toulouse. Man vergleiche vv. 848, 829, 1110, 1129, 2732. — 796, 864, 918, 1309.

2) Er sucht die Schwächen seiner Parteigenossen zu bemänteln.

3) Das Werk des *maestre Pons de Mela* liegt nur in einer sprachlich, wie sachlich sehr mangelhaften Umsetzung vor. Besonders schwierig ist es, festzustellen, in wie weit der Umsetzer in den freier umgedichteten Tiraden seiner französischen Quelle gefolgt ist und was er selbständig hinzugefügt hat. Wie steht es z. B. mit dem Konzil zu Arles? Hat Pons von Mela in seiner französischen Reimchronik schon die dem Grafen von Toulouse von der Kirche gestellten unerfüllbaren Friedensbedingungen (Tir. 60) verzeichnet gehabt, oder hat der Umsetzer Guillem sie der Kirche angedichtet, um diese als unmenschlich grausam gegen seine Partei hinzustellen? Das kann aus den bis jetzt bekannten Quellen nicht mit Bestimmtheit entschieden werden. Dass die Prosaversion des Albingenserkrieges diese Friedensbedingungen auch verzeichnet, beweist nichts, da dieselbe in engem Zusammenhang mit der Chanson steht.

## IV.

## Betrachtungen über maestre Guillem und die Zeit der Entstehung der Croisade.

Paul Meyer nimmt an, der zweite Teil der Croisade sei von einem uns unbekannten Dichter verfasst, der aus der Diözese Toulouse, genauer aus der Grafschaft Foix stamme; dieser Teil sei angefangen worden nach dem Tode Simons von Montfort, der am 25. Juni 1218 vor Toulouse fiel, und beendet zur Zeit der Belagerung dieser Stadt durch den Sohn des Königs von Frankreich (16. Juni bis 1. August 1219); der Dichter sei Augenzeuge vieler von ihm geschilderten Ereignisse gewesen und wahrscheinlich bei der zuletzt erwähnten Belagerung gefallen. Man vergleiche P. Meyer: Croisade, Band II, Einleitung §§ IX und X.

Der Umsetzer und Interpolator des ersten und selbständige Dichter des zweiten Teils der Croisade ist, wie oben nachgewiesen, *maestre Guillem, us clercs qui en Navarra fo a Tudela noirit.*

Dafür, dass dieser Dichter aus der Diözese Toulouse stamme, oder wenigstens dort gelebt habe, sprechen folgende, zum Teil schon von P. Meyer angegebene Gründe:

1) In Vers 3405 wird der Bischof Folquet von Toulouse »unser Bischof« genannt.

2) Der Dichter zeigt eine ausserordentliche Begeisterung für die Stadt Toulouse, z. B. in folgenden Stellen:

1784 (Interpolation) Que de tolas ciutatz es cela (Toulouse) flors e rosa!
5569  Car Toloza e Paratges so e ma de trachors.
5646  A! la gentils Toloza, per las ossas franhens,
      Com vos a Deus tramessa e mas de nulas gens!
6437  Ai! la gentils Toloza complida de bontat,
      Cui Paratges merceja e Merces ab bon grat,
      Cum avetz ab dreitura orgolh dezeretat!
6250  Que lo reis que governa e garda prim e clar,
      E dec sanc preciosa per guarir de pecar,
        Vol defendre Tholoza!

Tholosa vol defendre lo reis celestials
Que jutja e governa e gardals bes els mals.
9577 Que Dieus e dreitz e forza el coms joves e sens
Lor defendra Tholoza!

3) Der Dichter kennt die Stadt, die städtischen Einrichtungen und die Rangordnung der Einwohner sehr genau.

2813 El pobles de Tholosa que i venc tost e viatz
Li cavalier el borzes e la cuminaltatz.
2925 E eison per los pons cavaer e borzes
El pobles de la vila, viatz e endemes.

Er erwähnt das Capitulum Tolosae vv. 2790, 2816, 2906, 3104 etc. und in der letzten Tirade des Gedichtes nennt er eine grosse Anzahl von Befestigungswerken der Stadt mit Namen.

Da gar kein Anhaltspunkt dafür gegeben ist, dass der Dichter aus einem kleinen Orte der Diözese Toulouse stamme, so liegt es der obigen Gründe wegen näher, anzunehmen, dass er in der Stadt Toulouse selbst gelebt habe. Die Gründe, die Paul Meyer (Croisade, Band 2, Einleitung p. LIX und LX) für das Gegenteil angiebt, beweisen eher, dass Guillem gar nicht zu der Zeit der geschilderten Ereignisse gelebt habe, als dass er kein Toulousaner gewesen sei.

Wann ist nun die Croisade entstanden? Paul Meyer hat gefunden, dass der zweite Teil des Gedichtes nicht vor dem Tode Simons von Montfort, also nicht vor dem 25. Juni 1218 begonnen sein kann. Er stützt sich auf folgende Stellen:

3146 Hieu oug per cela terra sera mortz e delitz
Simon en Gui so fraire, tant no so ichernitz.
3400 Aisi l'a (la terra) autrejada al comte de Montfort.
Puis per aquela terra l'an a Tholoza mort,
Don totz lo mons alumna e Paratge es estort,
E per la fe qu'ieus dei, sap milhor an Pelfort
Que an Folquet l'avesque.
3590 Car be o vit Merlis, que fo bos devinaire,
Qu' encar vindra la peira e cel que la sap traire,
Si que per totas partz auziretz dir e braire:
Sobre pecador caia!

Er hat auch zu beweisen versucht, dass die Aufzeichnung des Gedichtes vor dem 1. August 1219 beendet sei.

Aber Paul Meyer hat ganz übersehen, dass in der ersten von ihm angeführten Stelle nicht nur auf den Tod Simons, sondern auch auf den seines Bruders Gui de Montfort angespielt wird, welcher erst am 13. Januar 1228 bei der Belagerung von Vareilles in der Grafschaft Foix fiel. Man vergleiche Du Mège: Hist. de Languedoc Band V, p. 355, Spalte 2. Da die Verse 3146-7 gleich zu Anfang des zweiten Teils stehen, so folgt daraus, dass der zweite Teil der Chanson nicht vor dem 13. Januar 1228 angefangen sein kann. Diese Thatsache erklärt auch, dass *maestre Guillem* Ludwig, den Sohn des Königs Philipp August von Frankreich, zuweilen (vv. 3139, 8955, 9259, 9265, 9321) König nennt, obgleich er erst 1223, also mehrere Jahre nach den geschilderten Ereignissen, den Thron bestieg.

Das Gedicht giebt uns sonst keine festen Anhaltspunkte für die Zeit der Abfassung. Es ist aber sehr unwahrsheinlich, dass es noch zu Lebzeiten des Grafen Raimon VII., also bis zum Jahre 1249 entstanden ist. Wäre dies der Fall, so hätte der Dichter gewiss einmal bemerkt, dass er seinen Helden persönlich kenne. Denn der junge Graf ist für den Dichter der nationale Held; um ihn scharen sich die Getreuen; er befreit Toulouse von der übermütigen und grausamen Fremdherrschaft; mit ihm zieht wieder Paratge und Dreitura in Toulouse ein; von ihm sagt der Dichter:

7913 Mas lo filhs de la Verges per donar milhorier
Lor (den Toulousanern) trames una joya ab un ram d'olivier,
Una clara estela el luga montaner:
Lo valent comte jove, clartat ez cretier,
Intra permeg la porta ab la crotz e l'acer.

Mit Raimon VII. starb der letzte Graf von Toulouse aus der Dynastie der Raimons, welche seit 849 dort regiert hatte. Einzige Tochter und Erbin Raimons war Johanna, Gemahlin des Alphonse, Grafen von Poitiers. Auf diese ging 1249 die Grafschaft über. Sie liessen der Stadt ihre Rechte, machten Toulouse aber nicht zu ihrer Residenz. Alphonse und Johanna starben beide in Italien im Jahre 1271. Dann fiel Toulouse an den König von Frankreich und verlor hierdurch die politische Selbständigkeit. 1272 bis 1297 war Eustache de Beaumarchais französischer Statthalter von Toulouse. (cf. Du Mège: Hist. des institutions de Toulouse, Band I pag. 367 bis 378).

Sollte es gelingen, den Verfasser der Croisade, *maestre Guillem*, mit dem der *Guerre de Navarre*, *Guillem Anelier de Tolosa*, zu identifizieren, so darf man annehmen, dass das Gedicht erst nach 1275 verfasst ist. Denn um diese Zeit kämpfte Guillem Anelier in Spanien, und es ist wahrscheinlich, dass er erst nach dem Feldzug in Spanien beschlossen hat, die *Guerre de Navarre* zu schreiben. Nun aber hat der Dichter des zweiten Teils der Croisade in einer Interpolation in Tirade V seine Absicht kund gegeben, über die Schlacht bei *las Navas de Tolosa* einen neuen Gesang zu machen. Diesen sehen wir im Falle der Identität der Dichter in der *Guerre de Navarre* vor uns. Dass der Verfasser der Croisade kurzweg Guillem, der der *Guerre de Navarre* aber Guillem Anelier heisst, dürfte keine Schwierigkeit für die Identifizierung beider bieten, da, wie oben nachgewiesen, in den Tiraden I und IX der Croisade Guillem nur für Pons eingesetzt ist.

# Anhang.

## Reimuntersuchung.

In vorstehender Arbeit habe ich zu beweisen versucht, dass im ersten Teil der Croisade eine Umsetzung aus dem Poitevinischen vorliegt. Wie soll man aber die darin enthaltenen zahlreichen rein provenzalischen Tiraden, deren Reime sich keineswegs auf altfranzösische Reime zurückführen lassen, erklären? Paul Meyers Annahme, dass ein Guillem von Tudela in· Navarra, der weder des Französischen, noch des Provenzalischen vollständig mächtig war (Intr. Cl), den ersten Teil der Croisade geschrieben habe, wirft kein Licht auf diese Frage. Man staunt vielmehr darüber, wie dieser Guillem es dennoch fertig gebracht hat, vollständig richtig provenzalische Tiraden zu dichten.

Nach meiner Auffassung hat der provenzalische Umsetzer und Dichter *maestre Guillem* nicht immer dieselbe Sorgfalt auf seine Arbeit verwendet; denn es lassen sich bei seiner Umsetzung drei im Werte sehr verschiedene Methoden unterscheiden.

1) Das Innere der Verse ist umgesetzt, doch der französische Reim beibehalten. Dies Verfahren, das nachlässigste von allen, ist in den Tir. auf *-er (ier)*, *-etz*, *-ot*, *-eia (-ea)* etc. angewendet worden.

2) Sowohl das Innere der Verse wie auch die Reime sind umgesetzt. Derartige Umsetzung erkennt man hauptsächlich an französischen Wortformen, die gelegentlich im Innern der Verse stehen geblieben sind, und an Reimwörtern, die in Folge der Umsetzung falsche Formen und Reimsilben bekommen haben. Man vergleiche die Tir. auf *-atz*, *-ena*, *-isa* etc.

3) Der Inhalt ist frei nachgedichtet. Die Sprache in solchen Tiraden ist vollständig prov.; weder im Reim, noch im Innern der Verse sind Spuren des Französischen zu finden.

Im Folgenden werde ich bei jedem Reime festzustellen versuchen, ob Umsetzung (Methode 1 und 2), oder Umdichtung (Methode 3) vorliegt.

**A.**

**Männliche Reime.**

-a, XXIX, CXXX. Diese Tiraden sind umgesetzt, wie pag. 6 nachgewiesen.

-ac, -ag, LXXXVI. Es reimen in dieser kurzen Tir. mit den Ortsnamen *Galhac, Laurac, Saichug, Moysag, Bragairag* die Wörter *ag (habuit), jac (jacet), esmag, pag* (?).
Diese Reime sind prov.; zu *pag* (v. 1918) bemerkt P. Meyer: »*pag est d'un provençal bien douteux, mais ne saurait être français*«. Frz. Einfluss ist in dieser Tirade nicht mit Bestimmtheit nachweisbar.

-ai, LXIII, LXXI. Hier reimen
1) 1. u. 3. Pers. S. Präs. Ind. *fai (facit)* 1444, 1457, 1623, *jai (jacet)* 1448, *vai (vadit)* 1447, 1617, *brai (brayit)* 1625, *eschai (excadit)* 1631, *estai* 1618, *retrai (trahit)* 1441, 1445, 1619, *sai (sapio)* 1449, 1626.

2) 1. Pers. Sing. Fut. *trobarai* 1452, *assajarai* 1453, *perchasai* (für *perchasarai?*) 1454.

3) a + einf. Gutt. *lai* 1439, 1622, 1624, *sai* 1442, 1443, 1462, *verai (veracum)* 1450, 1629, *mai* (mehr) 1455, 1458, 1616, *esmai* 1627.

4) a + Cons., gestützt durch i-Element. *rai (radium)* 1621, *putnai (atium)* 1620, *bai (badium)* 1459, 1630, *esglai (exgladium)* 1446, 1614, *assui (exagium)* 1460, *gai (gahi\*um)* 1461, 1628, 1632.

5) *atrazui (transactum\*)* 1456, *Cortenai* 1440, 1615.

Paul Meyer bemerkt zu diesen Tiraden (Intr. CIII): »*Rimes provençales. Sai* 1442-3, 1462, *lai* 1622, 1624, *jai* 1448, *eschai* 1631, *ne sont pas possibles en français*«.

Weder in den Reimen, noch im Innern der Verse zeigt sich frz. Einfluss; es ist also augenscheinlich, dass wir es nicht mit Umsetzung zu thun haben; ja, ich möchte behaupten, dass uns hier selbstfändige Einschaltungen des *maestre Guillem* vorliegen, da diese Tiraden die ergreifenden Punkte aus Tir. LXIV und LXVIII noch einmal, detailliert, mit sichtbarem Ergriffensein und in reinem Provenzalisch, des Umsetzers Muttersprache, bringen.

-**ais**, XXII. Es reimen

1) *a* + einf. Gutt. . . . *s. mais (magis)* 508, *Cambrais (-iacus)* 514, *Doais* 515, *Itouis* 521, *Alazais* 516.

2) *a* + *x* ... oder *sc.* . . . *fais (fascis)* 509, *lais* (Conj. Praes.) 522, 3 P. S. Perf. *trais* 518, *frais* 524.

3) *a* + Cons., gestützt durch *i*-Elem. ... *s. rais (radius)* 511, *esylais (-adius)* 512, *gais (gáhi + s)* 507, *palais (-atius)* 519, *gambais (gambatius* od. *wambasius)* 520, *Gervais (-asius)* 523, *pudnais* 510, *biais (bifacies*)* 513.

4) lat. *ps*, das im Prov. *is* ergiebt, in *cais (capsum)* 517.

P. Meyer (Intr. p. CIII) sagt über diese Reime: »*cais* 517, *n'existe pas en français, et ce n'est pas la seule difficulté qu'on éprouverait à mettre cette laisse en français*«. Thatsächlich haben wir eine prov. Tir. vor uns; denn auch im Innern der Verse ist kein frz. Wort zu entdecken. Fügen wir dieser Thatsache hinzu, dass der Inhalt dieser Tirade wieder nur eine lebhafte, detaillierte Schilderung eines in Tir. XXIII noch einmal erwähnten, erschütternden Ereignisses ist, so zwingt sich uns, wie bei der Betrachtung des vorigen Reimes, der Schluss auf, dass wir es wieder mit einem selbständigen Erguss des Umsetzers zu thun haben.

-**al**, XLIII, XCVII. Es reimen

1) *a* + einf. *l* . . . . *esperital* 990, *principal* 986, *carnal* 991, *Nadal* 2128 etc.

2) a + gem. *l.* *caval* 988, *val* 2121, *senescal (-allum* durch Assimilation aus *-alcum)* 2133.

3) Ortsname *Lavaur* 2130 (falscher Reim).

Die Reime finden sich sowohl im Französischen wie im Provenzalischen. Bei Tir. XLIII lässt sich im Innern kein frz. Einfluss nachweisen.

Tir. XCVII ist Umsetzung; dafür sprechen die Störung des Reimes durch *Lavaur* 2130 und die Worte *dels espeias trenchans* im Innern des Verses 2127. Hätte der Umsetzer hier das im Prov. richtige *de las esposas* eingesetzt, so wäre die erste Vershälfte um eine Silbe zu lang geworden. In der poitevinischen Chronik wird *dels espeies* gestanden haben. Dass die Erhaltung des *a* vor *l* ein dem Südwestfranzösischen eigentümlicher Zug ist, hat Tobler (Goett. gel. Anz. 1874, St. 45 S. 1416) hervorgehoben. Man vergleiche auch Goerlich (pag. 20).

-an. LX, LXXXVIII, XCV, CXXV. Es reimen

1) 3. Pers. Pl. Fut. und Cond. *vindran* 1397, *passaran* 1400, *diiran* 1382, *voldran* 1384, 1402, *prendran* 1391 etc. (Im Ganzen 35 solcher Reimwörter).

2) a + einf. Nasal. *ma* 1370, *man* 1373, 2086, *plan* 1374, 1389, 1942, 2623, *deman* 1378, *vilan* 1390, 1953, *alban* 2085, *pan* 1952, 2632, *l'endeman* 2635, *capelan* 2628, *reman (anet)* 1947, 2626, *Tolzan* 1371, 1944, *Montalban* 1372, 1945, 2620, 2622, *Jordan* 1401, 1946, *Serdan* 1950, 2621.

3) *a* in nas. Pos.

a) *a* + gem. *n.* *an* 1383, 2633, *Joan* 1404, 2088, *Aluman* 2636, *auriban* 2637.

b) *a* + *m* + *n.* *dan* 2091.

c) *a* + *n* + *d.* *gran* 1943, 1954, *grant* 2624, *glan* 2627, *volan* (Gerund.) 2087, *gan (wantum)* 2092.

d) *a* + *m* + *p.* *camp* 1951.

4) 3. Pers. Pl. Praes. Ind. *van (vadunt)* 1948, 2084, 2634, *fan (facunt)* 1398, 1949.

5) unbetontes a + n + t. *cantan* 1375.

P. Meyer: »*Rimes purement provençales*«. Diese Tiraden sind nach meiner Ansicht umgedichtet, nicht umgesetzt.

**-ans**, XXIII. In Bezug auf das Reimverhältnis vergleiche man p. 13 dieser Arbeit. Offenbar Umsetzung.

**-ant**, IV, LXXII, XCIII, CIX, CXXII. Man vergleiche p. 12. Sämtliche Tir. sind umgesetzt.

**-ar**, XIX, XL, LXXVII, LXXXIII, CXV. Die Reime sind p. 5—6 behandelt. Im Innern des Verses 2448 steht *soleit*. Es scheint hier teils Umsetzung, teils Umdichtung vorzuliegen.

**-as**, XCIX. In dieser kurzen Tirade reimen: *dapas, bas (bassi), atras (trans?), escas (excarpsi), ras (rasi), gras (crassum), esglas (exyladius)*. Diese Tir. ist sowohl im Reim wie im Innern provenzalisch und scheint vom Umsetzer, der sich hier auf die Aussage eines Augenzeugen, *maestre Nicholas*, stützt, eingeschoben zu sein.

**-at, -ats, -ad**, gemischt in VIII, LI, LVIII, LXVIII und **-ats** rein in XXIV, XXX, XCI. Man vergleiche p. 8—9. Im Allgemeinen liegt Umsetzung vor.

### Weibliche Reime.

**-ada**, XII. Es reimen hier Part. und Subst., die auf lat. *-ata, -atam* zurückgehen. Die Reime sind prov.; da jedoch die entsprechende frz. Endung auch gereimt haben würde, so können sie auch durch Umsetzung entstanden sein.

**-aire**, X. Es reimen

1) *a* in offener Silbe vor der Konsonantenverbindung *tr*: *maire, compaire, donaire, feziaire, emperaire, repaire, gramaire*.

2) *a* + Gutt. + *r*. *faire, estraire, aire (agrum?)*.

3) *a* + *r* + *i*-Elem. *contraire, ynire (wâri\*um), veguire*. Die Reimwörter dieser Tirade sind prov. und lassen sich nicht auf frz. Reime zurückführen. Auch im Innern findet sich kein frz. Wort; daher muss Umdichtung vorliegen.

**-alha**, CXX. Umsetzung; man vergleiche pag. 11.

**-anha**, XLIX, XCIV. Es reimen

1) a + n + i-Elem. ... a. *Campanha* 2073, *planha* 2074, *remanha* 2078, *banha* 1076, *Espanha* 2076, *Alamanha* 2080 etc.

2) *Serdenha* (afrz. wohl *Serdaigne* wie *campaigne, Espaigne*). Die Reime lassen sich aufs Afrz. zurückführen; der einfache Stil und der Hass gegen die Ketzer (v. 1082) sprechen für Umsetzung.

-ansa, XXVIII, CVII. Man vergleiche p. 13. Wohl Umsetzung.

-atges, LXXXI. Es reimen
1) lat. *-aticus*. *dampnatges, coratges, linatges* etc.
2) *sages (sapius)*.
3) *rapjes?* (nach P. Meyer Ind. Praes. 3. sing.).

Die Reimwörter lassen sich auf das Frz. zurückführen; es ist daher die Möglichkeit einer Umsetzung vorhanden.

## E.

-ei, LXXVIII, CIII. Hier reimen:

1) lat. $\bar{e}$ in offener Silbe: *crei (credo)* 1767, 1774, 2211, *sci (sē)* 2223, *trei* 1772, 2215, *quei* 2219.

2) $\bar{e}$ oder $\bar{\imath}$ unter gutt. Einfluss. *rei* 1769, 2216, *lei* 2222, *autrei (-orico)* 2214, *efrei (frigdum)* 2218, *plei (plicet)* 2220.

3) lat. *-atum*. *guei* (deutsch waten) 1764, *prei (pratum)* 1773, 2217.

4) *dei (debeo)* 1766, 2213, *orendrei (directum)* 2221.

Verschiedene Reimwörter, wie z. B. *sei (sē)*, *orendrei (directum), guei, prei* tragen entschieden ein frz. Gepräge. Lat. *-atum* zeigt sich hier als *-ei*; eine ähnliche (spec. südwestfranzösische) Erscheinung ist die, dass lat. *-ata* zu *eie* wird. Im Innern der Tir. 103 v. 2216 steht die frz. Form *aveit*. Ohne Zweifel liegt Umsetzung vor.

-el, XLV. Sämtliche Reime gehen auf lat. *-ellum* zurück; sie sind sowohl afrz. wie prov.

-ens, LXXVI, CVI. Man vergleiche p. 13. Es scheint freiere Umsetzung vorzuliegen.

-ent. XI, XXXI, XXXII (Anfang -*ent*, Schluss -*ant*), XXXV, LIV, LIX, LXXIV, LXXX. In diesen Tir. reimen:
1) *e* in nasaler Pos.
   a) *e* + *n* + *t*.... Adv. *isnelament* 235, *convent* 240, *longamen* 237 etc. *valent* 243, *gent* 250, *nient* 249, *cent* 254, *froment* 1689, *ment* (*mentit*) 806 etc.
   b) *e* + *n* + *d*.... *apent* 241, *atent* 252, *entent* 723, *escomprent* 1203.
2) *a* in nas. Pos. (nur in Tir. 32). *cantant* 741, *estant* 738.
3) *i* in nas. Pos. *en (inde)* 1694.

Statt der Reimsilbe -*ent* ist gelegentlich -*en* und -*ens* geschrieben. Im Innern der Verse finden sich die frz. Formen *soit* 1192, *fist* 1674, 1680. Umsetzung wird vorliegen; sie scheint jedoch sorgfältiger gemacht zu sein als bei den Tir. auf -*ant*, da Reime, die auf lat. -*antem* zurückgehen, vom Umsetzer beseitigt sind. Nachlässigkeit zeigt der Umdichter in Tir. 32.

-er, -ier, XIV, XXXIX, LIII, LXX, CXVII, CXXIII. Man vergleiche p. 3—5. Nachlässige Umsetzung.

-es, XIII, L, LVII, LXI, LXXXIX. Es reimen:
1) ĭ + gem. *s*....
   a) Conj. Imperf. *vengues* 1090, *ancizes* 1308, *mezes* 287, *plagues* 1417, *valgues* 1423, *atendes* 1303, *fuisses* 1297, *pogues* 1291.
   b) Part. Pass. *mes* 311, 1095, *promes* 299, 1103, 1424, *trames* 1091.
2) ĭ + *d* ... + *s*. *fes (fides)* 1092, 1292, 1963.
3) ē + (*n*) + *s* ... *Lemozines* 284, *Vianes* 289, *Rodes* 290, *Carcasses* 293, *mes* (*mensis*) 302, *cortes* 303, *tornes* 1100, *poges* 1310, *defes* 310, *pes* (Praes. Conj.) 1425 — *pages* 281, *borzes* 282, *Albiges* 295 — *pres* 1096, 1286, 1293. Hierher auch wohl *trames* 1287; nach Analogie von *pres* behandelt.
4) ē + *d* ... *s*. *merces* 1418, *palafres* 1101.
5) ē + *s*. *res* 280, 1087, 1300, 1407, *tres* 288, 1290.

6) *pes* (*pèdes*) 314, 1425, *ges* (*genus*) 1977, *es* (*est*) 291, 294, 1088, 1289, *pres* (Adv. *pressum?*) 283, 1093, 1974.

Die Fälle 1—5 haben ein geschlossenes *e*, die unter 6 angeführten Reime gewöhnlich ein offenes. Auch der Dichter des zweiten Teils der Croisade reimt mit *es* die Wörter *ges* 3525, 3544, *es* 2908, 2924, 3482 etc. Die Reime dieser Tiraden sind prov., nicht französisch. Nach meiner Auffassung liegt freiere Umsetzung vor, in der der afrz. Reim aufgegeben ist. Frz. Einfluss zeigt sich noch im Innern des Verses 1098, wo *soit* statt *sia* gebraucht wird.

-**etz**, -et, XXV, XLI, CX, CXXVII. Man vergleiche p. 7. Nachlässige Umsetzung.

Weibliche Reime.

-**ea**, -**eia**, XVII, LXVI, XCII, CXVI, CXXVIII, CXXXI. Man vergleiche p. 9. Sämtliche Tir. sind umgesetzt.

-**ela**, V. Es reimen:
1) lat. *ella*. *novela, bela, Compostela, capela, cela* etc.
2) 3 Pers. S. Pr. Ind. *favela, revela, captela*.
3) *Cistela* & *Bordela* (sonst gewöhnlich *Cistel* 58, 136, 156 und *Bordel* 35, 2593 geschrieben). Umsetzung kann vorliegen.

-**elha**, XLVI.
1) lat. *ic'l* + *a*. *abelha, aurelha, aparelha* etc.
2) *ilj* + *a*. *Maselha, roelha* (*rotilia* D. C.), *Bazelha, meravelha, cosselha* (Pr. Ind.).
3) *eliat*. *querelha, revelha*. Die Reimwörter lassen sich auf frz. *-eille* zurückführen.

-**ena**, XVIII. Man vergleiche p. 10. Umsetzung.

-**erent**, CI. Es reimen:
1) 3. P. Pl. Perf. *torneron, anerent, fermerent, defenderent, esmaierent, desrauberent, escrierent*.
2) 3. P. Pl. Imperf. *erent* 2185, 2190. Im Innern des Verses 2192 steht: *Nostri baro frances*; dies deutet auf Umsetzung hin.

## I.

**Männliche Reime.**

**-i, -it** (*itz*), I, XXXIV, LXIV, CIV, CVIII.

| | -i | -it | -itz | besondere Fälle. |
|---|---|---|---|---|
| Tir. 1 | — | 25 | — | vic. |
| » 34 | — | 19 | — | |
| » 64 | — | 12 | 2 | amarvig, fist, nasquet. |
| » 104 | 14 | — | — | |
| » 108 | — | 12 | — | dig, auzid. |

Es reimen:

1) $\bar{\imath} + t \ldots$

a) Partiz. Pass. *noirit* 3, *grazit* 5, *obezit* 6, *legit* 8, *anzit* 17, 779, *fenit* 20, *complit* 22, *fugit* 780 etc. — 3. P. S. Praes. Conj. *omblit* 785, *guit* 2287. Sonstige Wörter: *ardit* 783, *Esperit* 1, 786, *petit* 23, 782, *guit* (Subst.) 791.

b) $\bar{\imath} + v \ldots t.$ *escrit* 19, *dormit* 21, *vestit* 1467, *amarvig* 1470, *nasquit* 787, 794, *nasquet* (letztes Wort einer Tir.) 1463, *vit* (*vivit*) etc.

c) $\bar{\imath} + d \ldots$ *vic* 7, *vit* 1468, *vi* 2229.

d) *dit* (*dicit*) 4, 784, *di* 2228, *di* (*dico*) 2230.

2) $i + c + t \ldots$ *dit* 24, 1464, 2286, *contradit* 1474.

3) $i + x \ldots t.$ *dit* (*dixit*) 778 (prov. *dis*, afrz. *dist*, *dit*).

4) $e + c + t \ldots$ *eslit* (*lectum*) 789.

5) $\bar{e} + c \ldots t.$ *fit* 2, *fist* 1466.

6) *destruzit* (*destructum*) 9.

Im Innern der Verse finden sich frz. Bildungen, *fist* 1474, *promist* 1475, *ot* (*habuit*) 2233. Umsetzung.

**-in,** VI, CXXIV.

1) lat. $i + n \ldots$ *mati* 2610, *Martin* 2612, *fin* 2614, *vezin* 2615 etc.

2) *atersi* (*sic*) 129. Im Innern des Verses 2616 steht das frz. *ot* (*habuit*). Der Reim *atersi* spricht nicht gegen Umsetzung, da er vom Umsetzer eingesetzt sein kann.

**-ir,** XX, LXXXII, CXII. Es reimen:

1) Infinitive, die entweder direkt, oder durch Anbildung auf lat. -ire zurückgehen: *dormir* 2373, *partir* 2368, *venir* 2363, *sufrir* 2364, *jauzir* 2369 etc.

2) *dir* (*dicere*) 468, 1830, 2358. Die Reime sind sowohl frz. wie prov. möglich. Im Innern des Verses 2366 steht *devcit*, was für Umsetzung spricht.

-is, XXI, XXXVI, XXXVIII, LXXXV, CXXIX. Es reimen:
1) i + gem. s ...
   a) Conj. Imperf. *congausis* 881, *venguis* 484, *prezis* 485, *ancezis* 486, *tenguis* 487, *ichis* 497, *tolis* 2725, *plevis* 1903, *traiches* 1897, *aguis* 873 etc.
   b) Part. *mis* 492, 1899, *entremes* 880, *promis* 1900, *malmis* 1909.

2) lat. -*ensum*, -*ensem*.
   a) mit gutt. Einfluss. *pais* 489, 871, *marchis* 482.
   b) ohne gutt. Einfluss. *Andeles* 840, *pris* 480, 2711, *empris* 483, *apris* 839, 879.

3) i + x oder i + sc. ... 1 P. S. Perf. *diss* 1898, *dis* 869, 2710, *cruzifis* 495, 1 P. S. Praes. Ind. *plevis* (-*isco*) 2714.

4) ī + Cons. . s.
   a) ī + c . s. *amis* 825, 1906, 2718, *mendics* 496.
   b) ī + n . s. *cozis* 838, 882, *Baudois* 1908, *pargamis* 1905, *peitavis* (?) 2715.
   c) ī + t . s. *ichis* 1907, *afortis* 2719, *descofis* 2730.
   d) ī + v . s. *pensis* 824.

5) ī + einf. s .. *aucis* 828, *ris* (*risit*) 2731, *Danis* 2726, *paradis* 498, *vist* 488, *vis* 872, 1901, 2723, *tramis* 875.

6) *dis* (*dies*) 833, *jousdis* 878.

7) lat. ĕ. *dis* (*decem*) 829, *sis* (*sex*) 2717, *pris* (*pretium*) 2722, *assis* (*sessum*) 501, 822, *pis* 2720 (*pedes*).

Hier scheint teils Umsetzung, teils Umdichtung vorzuliegen.

Weibliche Reime.

-ia, II, XLIV, XLVII, LII, LV, LXV, LXXXVII, XCVIII, CV, CXI.

1) lat. -ia. *folia* 39, *senhoria* 42, *Lombardia* 997, *companhia* 1001, *clercia* 1006, *via* 2255, *dia* 40 etc.

2) $i$ + Cons. + *a*.

a) $i + c + a$ .. Praes. Conj.: *benaia* 1049, 2239, *benaziga* 51, 1133, *maldia* 32, 1050. — *mia (mīcam)* 37, 1138.

b) $i + y + a$ .. Praes. Ind.: *castia* 1037.

c) $i + t + a$ ... Part.: *fenia* 56, *porria* 52, *esbaya* 54, *descofia* 2243, *replenia* 2337 etc.

d) $i + s + a$. *guia (wisa)* 28, 53.

3) 3. P. S. Imperf. Ind. und Cond. *sabia* 30, *tenia* 35, *avia* 49, *jagia* 1225, *plevia* 1011 etc. *cujaria* 27, 1010, *seria* 2252, *auria* 1496, *devria* 1498.

4) Praes. *pria (precat)* 1137, *sia* (Conj.) 1142, 1501.

5) 3. P. Pl. Cond. *poirian* 1046.

6) Wörter, die im Afrz. auf *iée* (auch *ie* geschrieben), ausgehen: *vegia* 43, 1134, 1485, 1925, 2336, *vegcia* 994, 1004, *vegea* 1219, *junquia* 2143, *trenchia* 2246, *brizia* 2141.

7) *legucia* 2151, *gastea* 1052, *vencun* 2241, *autreia* (Praes. Ind.) 1140.

Im Innern der Verse sind folgende frz. Formen stehen geblieben: *montcia* 32, *soloit* 40, *issilheia* 1052, *ot* 1208, 1495, *espeia* 1226, *ostatgetz* 1487, *dama* 1499, *daima* 1937. Obgleich sich obige Reimwörter nicht alle auf frz. Reime zurückführen lassen, so ist doch frz. Einfluss an den unter 6 und 7 angeführten Reimwörtern, an den frz. Formen im Innern der Verse und an dem Ausdruck »*la nostra gens de Fransa*« (v. 2253) unverkennbar. Da dem Umsetzer auch freiere Behandlung zusteht, so kann man von einer Umsetzung nicht fordern, dass jeder Reim zu rekonstruieren ist.

-**ina**, XLVIII. Sämtliche Reime gehen auf lat. $i + n + a$ zurück: *declena* (Praes.), *marina, reïna, sarrazina* etc. Diese Reime sind sowohl im Französischen wie im Provenzalischen möglich; da aber im Innern des Verses 1070 das frz. Wort *seit* steht, so wird Umsetzung vorliegen.

-**isa**, CXVIII. Umsetzung; man vergleiche pag. 11.

# O.

**-on, -o.** IX, XXXIII, XXXVII, LVI, LXIX, CXIV, CXXI, CXXVI. Hier reimen:

1) õ + einf. Nas. *baro* 182, *afliction* 188, *Ascension* 1270, *bacon* 1281, *benaïcion* 775, *region* 2402, *do (donum)* 208, 190, *don (-õnet)* 848, 1246, *non* 199, 1279 etc.

2) õ + einf. Nas. *somon* 195, 847, *bon* 859, 762, 1595, 2562, *bo* 184, *son (sonum)* 2392.

3) *o* in nas. Pos. *amon (montem)* 757, 858, *hom* 1269, *prosom* 210, 849, 2655.

4) *u* in nas. Pos. *mon (mundum)* 205, 867, *Ramon* 187, 1576, 2403, *son (sunt)* 191, 749, 1206, 2416, 2388, 2656.

5) *fo* 207, *fon (fuit)* 1264, 2406, *pro* 215.

6) *vont (vadunt)* 1267.

Die unter 2 angeführten Wörter reimen im zweiten Teil der Croisade ebenfalls in Tiraden auf *-on*: *somo* 3998, *bo* 3985, 3996, 4020, *so (sonum)* 3984 etc.

Im Innern der Verse kommen noch folgende französische Formen vor: *comenseia* (Part.) 203, *fist* 207, *montetz* (Part.) 766, *sereit capdeletz* 854, *comteia* (Part.) 1249, *caminca* (Part.) 2399, *esteit* 2560. Umsetzung liegt unzweifelhaft vor.

**-or,** XV, LXII, LXXXIV. Es reimen:

1) õ + *r*... *amor* 349, *calor* 1892, *dolor* 356, *emperador* 1433, *prior* 1887, *paianor* 361, *Pascor* 1896, *companhor* 352 etc.

2) *u* in Position. *jor* 1876, *jorn* 342, *sojor* 1878, *tor (turrim)* 354, 1883.

3) *cor* (neufrz. *cœur*) 343, 1426, 1875. Auch im zweiten Teil der Croisade reimt *cor* mit geschlossenem *o* (Vers 4402). Im Innern der Verse sind frz.: *avoit* 343, *voleit* 1879, *vindreit* 1896. Umsetzung augenscheinlich.

**-os,** XLII, LXXIII, XC, XCVI. Es reimen:

1) õ + (*n*) ... *s*. *sazos* 973, *baros* 1979, *leos* 1982, *felos* 978, *arsos* 2114, *dos* 981 etc.

2) ð + m . . . s. noms 2099.
3) ŏ + (n) . . . s. resos 2103, bos 1656.
4) longs 2101.
5) ŏ + s . . . fulhos 972, amoros 982, poderos 1660, coraljos 1655, temoros 1657, orgulhos 1651, glorios 968, joios 976, vos 1991, pros 979, 1653 etc.
6) au + s . . . enclous 1652.

Im Afrz. würden die Fälle 1—4 auf -ons, die Fälle 5—6 auf -os ausgehen, also nicht mit einander reimen können. Folgende Tabelle giebt eine Uebersicht über die Anzahl beider Arten von Reimen in den einzelnen Tiraden.

|  | Reimthema | = afrz. -os | = afrz. -ons | fraglich. |
|---|---|---|---|---|
| XLII | glorios | 8 | 7 | — |
| LXXIII | orgulhos | 8 | 2 | Ros, Alos. |
| XC | mandat | 3 | 10 | — |
| XCVI | baros | — | 22 | — |

Im Innern der Tiraden sind mir frz. Formen nicht aufgefallen. Freiere Behandlung scheint vorzuliegen.

-ost, XXVI, CXIX.

1) o in Position. ost 598, 2529, tost 599, 2524, rost 601, 2526, prebost 603, 2527, escost 602, cost 596, 600, respost (Part.) 604.

2) u in Position. aost 597, 2523.

-ot, III. Man vergleiche pag. 11. Nachlässige Umsetzung.

Weibliche Reime.

-ona, VII.

1) ð + n + a. corona, perdona (Imperat.), sermona, nona, esperona, dona etc.

2) ð + n + a. bona, sona (sonat).

3) Guarona (-umna).

-osa, LXXIX.

1) ð + s + a. meravilhosa, urgulhosa, poderosa, rosa, glosa etc.

2) au + s + a. chousa, cosa, clousa, osa.

## U.

**Männliche Reime.**

-u, -ut, XVI, XXVII, LXVII, LXXV, C. Man vergleiche p. 10. Auch im Innern frz. Wortformen: *seit* 387, 1532, 2180, *ot* 624, *detrenchetz* (Part.) 389. Umsetzung.

-uit *(-oit, -ut, -ug)*, CXIII. Es stehen im Reim: *brug* (frz. *bruit*), *cut* (1. P. S. Praes. Ind. frz. *cuit*, prov. *cug*), *trastuit, coit* (Part., frz. *cuit*), *noit* (frz. *nuit*), *fuit* (Part.), *tuit, nut* (lat. *nudi*), *enut* (frz. *enuit*). Das Mangelhafte der Reime dieser Tirade verschwindet, sobald man sie ins Frz. rekonstruiert, eine Thatsache, die für Umsetzung spricht.

**Weiblicher Reim.**

-ua, CII. Sämtliche Reime gehen auf lat *u* + Cons. + *a* zurück. Im Innern der Verse stehen frz. Formen: *espeia* 2195, *ot* 2202, *espea* 2203; es liegt daher Umsetzung vor.

# Inhalt.

|   | Seite |
|---|---|
| Einleitung . . . . . . . . . . . . . | 1 |
| I. Über die Entstehung des ersten Teils der »Chanson de la croisade contre les Albigeois«. (Tir. 1—131) . . . . | 3 |
| II. Ermittelung der Verfasser . . . . . . . . . | 21 |
|     A. Maestre Guillem, us clercs qui en Navarra fo a Tudela noirit, ist nicht Verfasser der afrz. Geste, sondern Umsetzer und Interpolator derselben . . . . . . . . . | 22 |
|     B. Maestre Guillem, der Umsetzer und Interpolator des ersten, wird zugleich selbständiger Dichter des zweiten Teils der »Chanson de la croisade contre les Albigeois« gewesen sein | 24 |
|     C. Der Verfasser der afrz. Geste ist Pons aus Melle in Poitou . . . . . . . . . . . . . | 26 |
| III. Das Leben des maestre Pons von Melle . . . . . . | 29 |
| IV. Betrachtungen über maestre Guillem und die Zeit der Entstehung der Croisade . . . . . . . . . . | 36 |
| Anhang: Reimuntersuchung . . . . . . . . . | 40 |